筑摩選書

小川原正道
Ogawara Masamichi

「信教の自由」の思想史

明治維新から旧統一教会問題まで

「信教の自由」の思想史

明治維新から旧統一教会問題まで

目次

「信教の自由」の思想史

明治維新から旧統一教会問題まで

凡例

・引用文は原則として旧仮名は新仮名、旧漢字は新漢字、片仮名は平仮名に改めた。

・引用文には現在では不適切と思われる表現もあるが、歴史的史料としての性格を尊重してそのままとした。

序章

「信教の自由」のこれまで・今・これから

1　江戸時代の宗教政策と神仏分離令

行政の末端組織としての寺社

近現代における日本の国家と宗教との関係、すなわち政教関係は、主に行政機関によって規定されてきた。

江戸時代に徳川幕府がとっていた宗教政策である寺檀《じだん》制度（檀家《だんか》制度、寺請《てらうけ》制度）は、檀家が檀那寺《だんなでら》と呼ばれる特定の寺院の葬儀を担い、布施《ふせ》を受けることで寺檀関係を築き、寺請や宗門人別帳《しゅうもんにんべっちょう》への記載を通して、檀家がキリシタンでないことを示すなど、身分や身元を証明する戸籍制度であった。

寺院は行政の末端に位置付けられており、神道信仰と仏教信仰とが融和・調合する伝統的な神《しん》仏習合《ぶつしゅうごう》のなかで、神社に附属する神宮寺《じんぐうじ》の僧侶が仏事で奉仕するなど、仏教が優位な立場にあったと言われている。

明治に入り、政府が神道を中心とした国家建設をはじめると、この立場は逆転する。一八七一（明治四年）七月には太政官《だじょうかん》によって氏子調《うじこしらべ》が導入され、子どもが生まれると戸長《こちょう》を通して神社から氏子札《うじこふだ》を付与されるほか、国民は出生国や姓名、住所や生年月日などを戸長に届け出て守札《まもりふだ》を交付され、移転や死亡も神社の守札で管理されることになった。

わずか二年弱しか運用されなかったが、寺院に代わって神社が、戸籍制度の一端を担う形がとられたのである。

神仏分離令

この間の一八六八年から翌年にかけて、明治政府は神仏分離令と呼ばれる一連の政策を推進した。仏像を神体とすることや「菩薩《ぼさつ》」や「権現《ごんげん》」を神社の称号とすることが禁止されて、神社に仕えていた別当《べっとう》や社僧《しゃそう》といった僧侶は還俗《げんぞく》させられ、寺院の神社祭祀への関与も禁じられて、それまで魚や肉を供えなかった北野天満宮などでは、これを改めて、魚味を供えても差し支えないとされた。

当時は太政官制時代であり、太政官や各省は布告や達といった法令を発する権限を有しており、太政官布告や太政官達などの形式で、これらの神仏分離令が発出されている。行政府が行政機関であると同時に立法機関でもあったわけだが、議会が存在せず、立法諮問機関すら未整備であるという意味では、あくまで行政府が立法権をも行使していたという色彩が強い。

　その規定対象は、政教関係はもとより、個人の信仰や宗教的行為などの全般にわたるもので、今日における「信教の自由」を大きく規定するものだった。一八七二年四月には太政官が僧侶の肉食・妻帯・蓄髪《ちくはつ》を自由にする布告を発しているが、これもその一例である。

　こうした法令に伴って、神社の境内から仏教的建造物が撤去され、神社でも仏事や法要が取りやめられるといった措置が実施され、宮中でも歴代の皇霊《こうれい》を祀っていた御黒戸《おくろど》（仏壇）を廃止、重要な仏事として執り行われてきた御修法《みしほ》（真言宗）や御修法大法《みしほたいほう》（天台宗）なども廃され、泉涌寺などの寺院内に設けられた御菩提所《ごぼだいしょ》と呼ばれる陵墓《りょうぼ》も、寺院と分離されることになった。

　神仏分離に対する過激な反応として、全国各地で仏像や仏具の破壊、寺院の廃合といった廃仏《はいぶつ》毀釈《きしゃく》が展開されたことは、よく知られている。

　明治政府は幕府のキリシタン禁制を引き継ぎ、一八六八年三月にキリシタン禁制を示す「五榜の掲示」と呼ばれる高札《こうさつ》を出した。長崎県の浦上《うらかみ》で、それまで潜伏してきたキリシタンが自らの信仰が表面化させると、彼らを捕縛して流罪に処したが、欧米各国の批判を受けて待遇が改善され、一八七三年二月に高札も撤去される。

　これは高札の趣旨が一般に「熟知」されたためで、キリスト教を公認したものではなく、欧米各国に配慮した措置に過ぎなかったが、これ以降、キリスト教は黙認状態となり、実質的には布教活動が展開されて、浦上の信徒も釈放された。

2 「信教の自由」の制度化

「信教の自由」規定の実現へ

明治政府は神道国教化とキリスト教の侵入防御を図るべく、宣教使を設置して大教宣布《たいきょうせんぷ》運動に乗り出したが、布教内容が未整備であったことなどから、行き詰まりを見せる。仏教側では、神仏分離令や廃仏毀釈で失墜した地位を回復すべく、仏教所管官庁の設置を求める運動が起こり、そのなかで、民衆教化運動への参加も打ち出されていく。

明治初期の神祇官《じんぎかん》、神祇省から宗教政策を引き継いだ教部省《きょうぶしょう》のもとでは、実際に神道、仏教を動員した民衆教化活動が展開され、その拠点となった大教院《たいきょういん》では、宣教使に代わって設置された教導職に任じられた神官や僧侶が神道的理念を説き、神道式の祝詞《のりと》を述べるといった「神主仏従《しんしゅぶつじゅう》」の宗教空間が現出された。江戸時代の仏教優位の神仏習合から、神仏分離を経て、明治期の神道優位の神仏習合へと、推移してきたわけである。

岩倉使節団に並行する形で欧州の宗教事情を観察した浄土真宗本願寺派の僧侶・島地黙雷《しまじもくらい》は、神道国教化や神仏習合状態が、「信教の自由」や「政教分離」といった原則に反するものだとして、これを批判する運動を起こし、木戸孝允《きどたかよし》や伊藤博文《いとうひろぶみ》などの同郷の長州閥政治家と連携して、大教院、教部省を廃止に追い込むことに成功する。

その過程の一八七五年一一月に教部省口達《こうたつ》として出されたのが、いわゆる「信教自由の口達」である。教部省はこの口達で、神道・仏教の「信教の自由」を保護するとした上で、「教法家」に対し、「信教の自由」が「行政上」保護される以上は、政府の方針を認めて政治を妨害せず、人民を「善導《ぜんどう》」し、統治を「翼賛《よくさん》」する義務を遵守するよう求めた。法令をもって「信教の自由」の内実を規定してきた行政機関は、やはり法令によって「信教の自由」を認めつつ、そこに宗教家による統治の翼賛という義務を付随させたわけである。

大日本帝国憲法と行政主導の残像

大教院、教部省が廃止され、宗教行政が内務省に移管された後も、教導職は残存していたが、一八八二年一月に内務省が官国幣社《かんこくへいしゃ》の神官と教導職を分離するよう達し、一八八四年八月には太政官布達によって、教導職自体が廃止される。

政府は一八七一年五月に神社を「国家の宗祀《そうし》」として位置付けていたが、神官教導職の分離によって神道は教派神道《きょうはしんとう》と神社神道《じんじゃしんとう》に分けられ、神社神道は非宗教として捉えられていくことになる。教導職廃止の理由として政府は、直接的に宗教に干渉することは弊害が多いと述べ、宗教に自治を認め、葬儀の形式も喪主の信仰に委ねられることとなった。この時期は宗教への干渉に消極的な態度を示したわけだが、それらも行政的な措置であった。

「信教の自由」の法的な保証は、一八八九年に発布された大日本帝国憲法によって、ひとつの到達点を迎える。その第二八条は、「日本臣民《しんみん》は安寧秩序《あんねいちつじょ》を妨げず及臣民たるの義務に背かざる限に於て信教の自由を有す」と規定し、一定の制約のもとに「信教の自由」を承認した。

同年に伊藤博文の名で刊行された憲法解説書『憲法義解《けんぽうぎげ》』はこの条文について、「本心の自由」は人間内部に存在するもので、「国法」が干渉できるものではなく、また、「国教」を強制することは「人知」や「学術」の発展を妨げるため、どの国もその権利や機能を有していないとして、一種の政教分離的解釈を示した上で、内面的な「信仰帰依」に対して、これが「外部」に表れた礼拝・儀式・布教・演説および結社・集会については、「安寧秩序」保持の観点から、「一般の制限」を受けると述べている(伊藤博文著/宮沢俊義《みやざわとしよし》校注『憲法義解』)。

明治憲法は明治天皇が欽定《きんてい》したものであり、『憲法義解』はその起草の中心人物である伊藤が示した解釈書であった。日本における「信教の自由」は、どこまでも「お上」によって規定されて憲法にいたったわけであり、そこには重要な条件が付されていた。

「お上」が規定するという意味では、占領軍が主導して作成された戦後の日本国憲法における「信教の自由」規定も、同様の特色を有している。両憲法のもと、行政機関が宗教に対していかなる権限を有するのかについては、宗教法案や宗教団体法、宗教法人法やその改正などをめぐって、議論が交わされていくことになる。

3　旧統一教会問題と行政機関

宗教法人解散命令請求と文化庁

君主やその側近、特に行政機関が「信教の自由」の内実やその条件を規定するという日本の特徴は、今なお色濃く残存し、むしろその色は濃くなってきている。

旧統一教会問題をめぐる一連の政府の対応について、見てみよう。文部科学省は二〇二三年（令和五年）一〇月、旧統一教会に対する宗教法人としての解散命令請求を出した。従来の宗教法人法に関する政府解釈は、刑事裁判で有罪になった役職員がいる場合のみ、解散命令の請求対象とするというものだったが、二〇二二年一〇月の国会答弁で岸田《きしだ》文雄《ふみお》首相は、「組織性、悪質性、継続性」が確認できれば、民法上の不法行為も解散の要件に含まれうるとする解釈を示した。

宗教法人法上の報告徴集・質問権を行使して資料を提出させて調査した文化庁は、この解釈を踏まえて、旧統一教会に対して損害賠償請求を認容する判決や被害者数、被害金額などから、旧統一教会は長期間・継続的に自由な意思決定を制限して献金させ、家族関係を破綻させるなど深刻な影響を与えたと判断した。

解散命令請求は、これらが民法上の不法行為に該当し、宗教法人法第八一条一項一号及び二号前段の定める解散命令事由、「法令に違反して、著しく公共の福祉を害すると明らかに認められる行為」や「宗教団体の目的を著しく逸脱した行為」にあたると見なして、出されたものである。

裁判所も同様の判断に基づいて解散命令を下すかどうかはわからないが、宗教法人の行為に対する政府の法解釈と行政機関の評価が解散命令請求の要因になったわけであり、旧統一教会に限らず、こうした法解釈や法運用が今後適用されていく可能性を考慮すれば、宗教的行為の違法性判断における行政機関の重みが増していることは、容易に理解されよう。

被害者救済と消費者庁

旧統一教会の被害者救済を目的とした法整備にも、同様の傾向が見てとれる。

二〇二二年一二月に成立した「法人等による寄附の不当な勧誘の防止等に関する法律」では、自由な意思を抑圧し、適切な判断ができないようにして寄附させることや、生活の維持を困難にさせてまで寄附をさせることがないよう「配慮義務」が課されたほか、「霊感」による知見を用いて「困惑」させて寄附させてはならないといった「禁止行為」も設けられた。

消費者庁は配慮義務の遵守にあたって、法人に対し勧告や報告徴収などができ、禁止行為に関しても報告徴集や勧告、命令ができる。宗教法人法上の報告徴収・質問権の行使にあたって、所轄庁は宗教法人審議会の意見を聞く必要があるが、消費者庁の勧告や報告徴収、命令の場合、特に国会や審議会の意見を求める必要はなく、法律の規定に加えて、法律の実施にあたって必要な事項は、命令で定めることもできる。

消費者庁はすでに、Q＆A方式で禁止行為の具体例や「困惑」の定義などを公表しており、その意味でも、行政機関の裁量が大きい法律となっているが、これは同法案について衆議院が、「政府」が条文解説やQ＆Aなどを作成して公表し、法運用を円滑にするよう附帯決議していることに基づいている。

大日本帝国憲法施行まで、日本には議会が存在せず、行政機関が立法権も行使していたが、議会開設後も、法律では大枠を定めて、細かい事項やその執行や行政機関に委ねる文化が残り、それが現在まで継承されている。政府提出法案はそもそも行政機関側が用意するのだから当然とも言えるが、そうした文化が結果として、「信教の自由」に関連すると思われる事項について、その判断の是非を行政機関に委ねる状況を生み出してきた。

4　欧米日における「信教の自由」

戦争と迫害の中から

「信教の自由」の内実や、その是非の判断を「お上」に委ねるという文化は、法案の多くを行政機関の官僚が書き、成立した法を官僚が実施するという、日本の行政文化のみに起因するものではない。この自由そのものが、天皇や占領軍、行政機関によって与えられ、認められたものであって、国民自身が国家や政府、教会と戦って獲得したものではない、という権利意識の希薄さにも一因があろう。

欧米では、宗教をめぐる血みどろの戦争が繰り返されてきた。一七世紀前半のイングランドやヨーロッパ大陸でもそれがあり、宗教的迫害から逃れて、新世界アメリカに多くの移民が渡った。一六四八年のウェストファリア条約で宗教戦争は終結し、プロテスタントの信仰が認められて、国家ごとに国教を定めるという宗教的寛容が定められたものの、各国内の宗教的少数派の存在が認められたわけではなく、ピューリタンはまずオランダに、そしてアメリカに向かい、そこに入植したのである。

彼らは宗教的共同体のなかで生活し、信仰を重んじたが、クエーカー教徒やネイティブ・アメリカンを平等に扱ったわけではなく、憲法、その条文としての「信教の自由」が、すぐに成立することはなかった。

国教の禁止と信教の自由を認めたアメリカ合衆国憲法修正一条はジェームズ・マディソンによって起草されたものだが、一七五一年にヴァージニア州に生まれたマディソンは、聖職者の迫害主義に疑問を抱き、アメリカ北部の英国植民地が英国国教会を国教とすることは奴隷制と隷属を招くと警戒し、良心に基づく自由な宗教活動の権利を提唱していく。

合衆国憲法には当初、権利章典に関する記載が含まれていなかったため、これに対する批判が高まり、マディソンも下院に宗教上の差別と国教を禁止し、良心に関する権利を保障する修正条項を提起する。連邦議会での審議を経て、修正一条が発効するのは、一七九一年一二月のことである。

「闘い」の舞台

シカゴ大学の法学者、マーサ・ヌスバウムは、一九世紀にモルモン教やエホバの証人、カトリックが増加して憲法制定時のアメリカの「同質性」が失われはじめ、今日では仏教や儒教、イスラム教、ヒンドゥー教などの台頭によって、「アメリカの宗教的平等の伝統への攻撃」が続いており、「それぞれの新しい時代で平等な尊重を勝ち取る闘いをふたたび戦う必要がある」と述べている(マーサ・ヌスバウム著/河野《こうの》哲也《てつや》監訳『良心の自由——アメリカの宗教的平等の伝統』)。

アメリカにおける「闘い」の武器は主として法であり、舞台は議会と法廷であった。そこで重んじられるのは、法律と判例である。これに対し、行政機関に自由をめぐる権力の運用を大きく依存してきた日本では、行政機関がいかなる権限を持ち、それを運用するか、という法制定と法解釈、法運用が、議論の対象となってきた。主たる舞台は法廷ではなく、議会と言論空間である。

戦前から戦後、そして今日にいたるまで、行政機関の権限を規定しようとし、また実際に規定してきたのは、宗教法案や宗教団体法、宗教法人法といった法案や法であり、言論空間では知識人や宗教者らが、それによって規定される権限などをめぐって、議論を交わしてきた。

欧米のように血みどろの戦争と迫害の中から生み出されたわけではない、いわば「上」から降ってきた「信教の自由」を、先人たちはいかに受け止めて議論し、いかにして行政機関の権限が規定され、今日にいたっているのか。本書は明治維新以来、今日までの近現代日本における「信教の自由」の思想史を描き、その未来を展望しようとするものである。

第一章
西洋宗教との出会い——島地黙雷らとロニーの対話から

1　島地黙雷の洋行見聞録

洋行の経緯

浄土真宗本願寺派は一八七二年（明治五年）一月、僧侶の一団を欧州に派遣した。その中心だったのが島地黙雷で、島地が欧州の「信教の自由」と「政教分離」の原則を学び、当時の神道国教化政策に厳しい批判を加えて、大教院や教部省を廃止に追い込み、「信教自由の口達」もその過程で発せられたものであることは、序章で述べた。

この視察について詳細な検討を加えた福嶋寛隆《ふくしまひろたか》によると、使節団派遣の推進者のひとりは島地自身であり、同郷・長州出身の木戸孝允や伊藤博文などと外遊の計画を立て、本願寺派は門主代理として梅上沢融《うめがみたくゆう》を派遣して島地を随行させ、赤松連城《あかまつれんじょう》と堀河教阿を英国に、光田為然《こうだいねん》をドイツ

渡欧中の島地黙雷

に留学させることとなった。梅上や島地に託されたのは、開国に伴ってキリスト教の浸透が懸念されるなか、欧州現地の様子を視察してキリスト教理解を深め、宗教政策への寄与や民心の安定に努める、という使命だった。

島地ら一行は一八七二年一月二七日に横浜を出航、パリに到着したのが三月一九日で、島地らはここを拠点に宗教事情の視察を行い、「ロイン」、「ザラー」、「シルー」、「ロニー」、「リスコー」といった教師に教えを乞い、とりわけレオン・ド・ロニーからは、帰国間際まで指導を受けた。

島地はロンドンを経てベルリンに入り、さらにパリ、英国などを経て帰国の途に就いて、イタリアからエルサレム、カイロ、インドを経て、翌年七月一五日に帰国した。この間、黙雷はフランスの神学者フランソワ・フェヌロンの著作を翻訳して「信教の自由」の重要性を学んでいる。

福嶋は、島地がロインやザラー、シルー、ロニーなどから「キリスト教とその歴史、宗教制度（政教関係）、「時代の沿革」から西洋文明全般について、さらには発達途上にあった東洋学の成果等々に関する知識を得たと思われる」と指摘し、またリスコーからは、ギリシャ正教とカトリックの違いやキリスト昇天説などについて議論したとしている（福嶋寛隆「海外教条視察――廃仏状況下の西欧」）。

島地は実際に欧州で何を見て、誰と会い、何を学んだのか。ロニーは島地との会見の模様を詳細な会見録として公にしており、リスコーについても当時、プロイセン王の宗教政策をめぐって、抵抗活動に関与していたことがわかっている。本章ではこうした会見録やリスコーの活動などを通じて、島地への影響を検証していきたい。

日記に見る視察

島地は、その日記である『洋外漫筆《ようがいまんぴつ》』と『航西日策』に、視察の模様を記録している。『洋外漫筆』には宗教に関する記述が少ないが、パリ到着後の三月二一日条には、ノートルダム大聖堂の礼拝に参加して、「誦経《ずきよう》・音楽、曲節調和」する教会音楽に聴き入り、正面にキリスト像、隣にマリア像があって、両者は「父母」のようで、また「神子の兄弟」のようでもある、と書き記している（二葉《ふたば》憲香《けんこう》・福嶋寛隆編『島地黙雷全集』第五巻）。

島地らの視察は、キリスト教のそれに主眼があてられており、島地も熱心に教会を訪れては、その内外を見てまわった。欧州到着後間もないこともあり、教会の様子が新鮮な驚きを島地に伝えていたことがうかがえる。

一方、『航西日策』の記述は、簡潔ではあるが、重要である。島地は「パンテオン並にノートルダムに詣づ。……共に塔上に登りて城下を眺望す、眼中余無し」（四月二三日条）、「ウェストミンスター・アベーに詣で、議事院を過ぐ」（七月一六日条）などとパリとロンドンを中心とした見聞録を残しており、「教師ルデーに行き、其共某の門に入るを約す」（四月二九日条）、「朝ザラーに就き教を受く」（五月六日条）といった学習の記録も多く、島地が渡欧中、教会や大学などの視察をしつつ、翻訳に取り組んだことなどがわかる（同前）。

日記によると、島地は「ロイン」、「ザラー」、「ルデー」、「シルー」、「ロニー」、「リスコー」といった教師に就いて学び、留学生や同行者と教義について論じているが、教師から何を学んだかは、ほとんどわからず、わずかに、「シルー」から『公教要理《こうきようようり》』一巻を授かったこと、「ザラー」から「伊太利《イタリア》の人物図」を贈られたこと、そして「リスコー」からユダヤ教とキリスト教の違い、ギリシャ正教とカトリックの違い、キリスト昇天説などについて論じたこと、が読み取れるに過ぎない（同前）。

もっとも、日記への登場回数を見ると、ロイン（一回）、ザラー（三回）、ルデー（一回）、シルー（一回）に比して、ロニー（一五回）とリスコー（一三回）が、他に対して圧倒的に多いのが注目される。当然ながら、両者から受けた影響は突出して大きいものと推察されるため、この両者の島地への影響を検討していきたい。

ロニーとの邂逅

ロニーは文久遣欧使節団《ぶんきゆうけんおうしせつだん》が欧州を訪れた際に応接役を務めた日本学者として知られ、福沢諭吉《ふくざわゆきち》らとも親交を重ね、一八六八年にパリ東洋語学校教授に就任し、当時は日本語や日本の詩歌に関する著作を発表していた。

このロニーが書き残した島地らとの詳細な会見録を発見し、両者の接触を詳しく分析したのが、堀口良一《ほりぐちりよういち》である。堀口によると、一八七二年一二月一日に、島地、梅上、坂田《さかた》乾一郎《けんいちろう》（通訳）、松本白華《まつもとはつか》、原田吾一《はらだごいち》の本願寺派・大谷派の僧侶らがロニーのもとを訪れたが、その際の彼らの一番の関心は、「科学的宗教」を知ることにあり、合理的な文明を発達させたのが西洋的科学的宗教であるとして、これこそが日本に必要だ、と考えていたという。彼らを支配していたのは、ヨーロッパに一〇〇年以上遅れを取っている日本が失われた時間を取り戻すため急がねばならない、という「強烈な意識」であったとされる（堀口良一「レオン・ド・ロニーの日本仏教に対する関心（Ⅰ）」）。

島地はそれまでもロニーに会っていたが、仏教について本格的に語り合うことはなく、この日がその最初であり、日本仏教について関心をもっていたロニーはインド・日本哲学、仏教研究について話したかったようだが、島地らは仏教哲学や仏教思想など頭になく、「涅槃《ねはん》」の基本的概念と「個性」、「個人の運命」との関係についてのみ聞き出すことができたものの、それも不満足に終わったという。島地らが滞欧中に関心を抱いた宗教教義は、カルヴァン、スヴェーデンボリ、ルター、ルナン、フーリエ、ゾロアスター、バーブ、コント、ムハンマドなどが説いたものであった（同前）。

島地らは欧州に遅れをとっている日本が近代化を急ぐべく、西洋文明を発達させた西洋の「科学的宗教」を知る必要があるとして、ロニーに質問を投げかけたが、ロニーはむしろ伝統的な日本仏教に関心があり、会見はすれ違いに終わったというわけである。

2　レオン・ド・ロニーとの会見

ロニーの会見録

ロニーの会見録（Léon de Rosny, "Une religion nouvelle au Japon, Comment on crée une religion"）の冒頭部分は、次のようなものである。

今でも覚えている。夜一一時の事だった。書斎で黙々と仕事に勤《いそ》しんでいると、ドアを叩く音がして、女中が慌てて入ってきて、こう告げた。

「司祭の方が大勢いらっしゃって、お話をうかがいたいとおっしゃっています。司祭と言っても、普通の司祭ではないのです」

「司祭が大勢、夜中の一一時に、うちにだって。素晴らしい。でも彼らは本当に私を訪ねて来たのかい」

「ええ、ロニー様にお会いしたいと」

少しは話が見えてきた。けれど正直、わからないことだらけだったと言っておこう。とりあえず皆に入ってもらうよう命じた。

しばらくすると、くだんの聖職者がぞろぞろと入室してきた。彼らは両手をぴたりと両膝につけ、直角かと思われるほど前屈みに体を曲げていた。

突如、私の部屋を占拠したのは、日本人の一群だった。

島地ら一行は予告もなく、夜中にロニーのもとを訪れた。それぞれの印象と最初の会話を、ロニーはこう記している。

先頭はあばた顔のひどく背の低い男で、同道している連中と比べると着ている洋服はまるで合っていなかった。一方、同道してきた連中はジョッキークラブの伊達男《だておとこ》、といった風体だった。小男は輝いた、知的な目で部屋を見回す。しかし、時折、ひどく探るような目つきをする。この男が、見るからにこの一群のなかで重要そうな人物であった。私はすぐに分かった、この男が非常に謙虚な人物であると。というのも彼は司教猊下《げいか》と名乗ってもおかしくないのに、「司祭」のような低い肩書きのお付きの僧たちと一緒くたにされても気にしないようだったのだから。実際にはこの小柄な男は、彼の国の言葉よりも分かるように言えば、司祭とか、司教ということになるが、日本の仏教寺院の最高僧にあたる人だった。

一〇年近く、フランスに滞在しに来る日本人とはずっと親しくしてきたが、釈迦に仕える僧と対面する栄誉に浴したことはなかった。そこで私の頭に最初に浮かんだことは、この機会を利用して、インド＝日本哲学について心ゆくまで触れ、日本独特の仏教を研究する時に纏《まつ》わり付く大量の困難を明らかにできるのではないかということだった。——私はこの賓客の意図なぞ考えずに、良い機会だと思っていた。猊下は哲学とは全く別のことが頭にあったのである！彼は沢山の私に質問すべきことを用意していて、私はこの不意の訪問者を利用できる暇は一瞬たりともなかったも同然だった。

くだんの司教、S＊＊＊氏は私に話しかけた、「西洋の宗教を学ぶために渡欧してきました。しばらく前から我が国の政府は、宗教の問題についてどうすればよいか分からなくなっており、ヨーロッパ人はその点についてどのように考えているか報告するよう命じられたのです。そこでわれわれはフランスに来たのです。この地で自分たちのミッションを遂行しようとしました。実に残念なことなのですが、われわれはあなた方の宗教を理解しようとすればするほど、われわれの考えは混乱するばかりなのです。われわれが江戸で信じていたことは、科学をこれほど長足《ちょうそく》に進歩させ、『合理的』な文明をあれほど高いレベルに発展させた西洋人は、きっと『科学的宗教』を持っているに違いないということでした。これまでそういった宗教を探してきましたが、いまだ見つかっていません。どこに行けばそれが見つかるか、われわれに教えていただくことはできないでしょうか」。

この先頭の人物が、島地と見られている。インド・日本哲学について知りたいと思っていたロニーが喜んで島地らを迎えたところ、予想していなかった質問攻めに遭うことになった。その最初は、「合理的」な文明を発展させた「科学的宗教」が見つからない、それを教えてほしい、というものだった。

彼らは日本政府によって派遣されたわけではなく、「我が国の政府は、宗教の問題についてどうすればよいか分からなくなっており、ヨーロッパ人はその点についてどのように考えているか報告するよう命じられたのです」というのは、神仏分離から民衆教化へと進む日本政府に対する彼らなりの評価であるとともに、政府派遣であれば、これまで日本政府に協力してきたロニーから優れた見解を引き出せると考えての発言であろう。

ロニーは困った。会見録には、「この厄介な質問をされたが、この時、私はフランス学士院に提出する論文を用意しているところだったのだ」として、それは日本語と中国語のアクセントに関する論文だったと書かれている。「哲学的あるいは宗教的思索にほとんど関心を向けていなかった」のがロニーの状況だった。

「優れている宗教」の存在

ロニーへの質問攻めは止まらない。

「私は、どんな名だたる宗教よりも信者の多い宗教に属し、あなた方ヨーロッパの書物に書いてあることを信じますれば、地球上で何らかの宗教に属していると公言している人の半数以上が実践している宗教であります。そうでありますので、私は宗教とは何たるかということは理解しておりますが、もしあなた方の宗教、あるいはあなたがご指摘下さる他の宗教が、わたしたちの宗教よりも優れているのならば、私としては、あなた方の教義（教え）に耳を傾ける用意があるだけでなく、あなたが私に、われわれは宗教の面でもヨーロッパに遅れを取っている、さらに芸術や産業の面でも明らかにそうであると証明してくれたなら、われわれの宗教的な考えをすべて葬り去ってもかまいません。ご存じだと思いますが、われわれは中国人の頑迷《がんめい》さを真似たりはしません。われわれは我が国の神を二束三文《にそくさんもん》で売り払うことにほとんど抵抗はありません、その代わりにあなた方の神のいくつかを買えるのであれば。もちろん、それの方が価値がなくてはなりませんが」。

私と話しているこの知性ある人物の口から出ることばのひとつひとつに私は驚愕した。私は、答えの言葉の意味を考えるより先に何とか、彼に答えねばという良心の呵責《かしゃく》を感じていた。これまでの長い経験から日本人は新しい考えをあっという間に身につけてしまうことを知っていた。その速さときたら、彼らの助言者になってあげようかと考える誠実な人の誰もが、躊躇《ちゅうちょ》してしまうにちがいないほどのものだ。

島地ら日本人僧侶は、仏教よりすぐれた宗教がどこにあるのかを追求し、それをつかんで、日本が西洋より遅れていることが学び取れるなら、信仰的な領域でも受け入れる姿勢を示していたことがわかる。

彼らは、科学的宗教、日本仏教よりすぐれた宗教を追い求めながら、それをつかみ取ることができず、藁《わら》にもすがる思いで、ロニーのもとを訪れたのである。そこには、混乱する宗教政策のなかで、自らの世界史的位置を確認し、そこから這い上がろうとする強烈な危機感と意欲とが存していた。

「帝」の危機感

返答に窮したロニーは続けて、次のように回答する。

問題を変えることにした。彼らがその教えを知りたがっている西洋の「科学的宗教」について話すかわりに、まずは日本における仏教の教義の見解と釈迦の教えの根源の方に彼らの話を向けることにした。S＊＊＊坊主は、すんなりこの分野の話をすることを受け入れ、議論をすることになった。私はほっとし、だいたい次のような言葉で会話を始めた。

「日本は、数年前から日本独自の思想を切り刻み、こう言ってもよいと思うのですが、がむしゃらにご自身が進歩と未来であると信じているものに身を投じています。あなた方は古い制度をすでに放棄しています。さらに、まだあなた方が破壊していなかったものも目の前で使い物にならないようにしてきました。ミカドの古い帝国は、革命的な思想のもとで、瓦解《がかい》しています。この考えを私は糾弾するつもりはありませんが、あなた方は多分、この結果がどうなるか推し量ることができないでしょう。あなた方の国には、強力な貴族制封建制度がありました。ある夜、あなた方はそれを亡きものにすることにしました。翌朝の明け方には、かろうじてその残骸を見て取ることはできましたが、すっかり社会は変わり果ててしまったというわけです

（読者よ、お許しあれ、こういう形を取ってしかやりとりを報告できないのです）。今日、あなた方は宗教のことで頭を痛めている、でもじきにあなた方の宗教があなた方の政治制度ほど長持ちしないようにするのはたいして労力を要さないでしょう。あなた方は、あなた方の過去を変えていく熱狂的なスピードを恐れてはいないのではないですか、あなた方の未来がどうあるべきかということをすでに知っているのは確かなことなのですか」。

この時、一群のなかの坊主の一人が、それまで一言も発言していなかったのに、この議論に加わらねばと思ったようだ。この人物はがっちりとした体格のたくましそうな男で、中国人のように出っ張った頬をしているのだが、鼻はほとんどヨーロッパ人の鷲鼻《わしばな》のようだった。身長は、彼の同胞人のなかでは普通より高い方で、身長の低い高僧とはひどく対照的であったが、彼は高僧の傍らで、自分の立場に気を使っていた。

「われわれが足早に進めていくことで、苦境に陥るかもしれないという危険には関心がありません。われわれは自分たちが間違っていないかどうかを知りたいのです。もし、われわれが誤りに陥っているなら、そこから脱したいのです。我らが主（ミカド）は、日本の革命がご自身に及ぼす危険を予見され、改革の歩みを遅らせるよう進言した廷臣たちにすぐに反応されました。『我が国は一世紀以上ヨーロッパの後塵を拝しているので、急いで前進し、失われた時間を取り戻さねばならない。もし、この革命がこの道を歩み続け、朕にルイ一六世あるいはチャールズ一世のような運命をもたらすのであっても、朕はこれを止めまい』。――我が主がそのように語られていても、あなたは前進することを躊躇しようとしますか。孔子の教えは、一〇世紀以上にわたってわれわれの考えをゆがめてきました。さらに仏の教えは我が国を死の眠りに沈めてきました。われわれはもう眠っていたくないのです。目覚めたいのです。必要とあらば、我が国の骨董屋の店先にでも孔子と仏を並べておいてもかまわないのです。そこまでしてでも、われわれは西洋の『科学的宗教』を知り、取り入れたいのです」。

ロニーは論点を変えて、日本の近代化についての持論を展開した。それは、島地らを襲っている急激な変化は未来への進歩のためであり、彼ら自身、その「熱狂的なスピード」を恐れていないのではないか、というものだった。

しかし、島地らは納得しない。その未来についての回答を求めてやってきたのである。その一員は、日本はヨーロッパに比べて一〇〇年以上遅れており、それを取り戻すのは帝の意志であり、自分たちが間違ってきたのは「孔子の教え」「仏の教え」のためで、「目覚めたい」として、あくまで西洋の宗教について学びたいと語った。

宗教知識と仏教論

彼らは、どのような宗教を理解してきたのか。ロニーが尋ねると、「カルヴァン、スヴェーデンボリ、ルター、ルナン、フーリエ、ゾロアスター、バーブ、オーギュスト・コント、ムハンマド」などと答えたという。ロニーが「あなた方は、今挙げて下さった方々の教義を学んできたのですね」と聞くと、「何も」と答え、ヨーロッパで聞き知った名前に過ぎないという。

ロニーは唖然として、「大変申し訳ないのですが、名前を挙げてくれた人々の大部分、とりわけスヴェーデンボリ、フーリエ、ルナンは、パリに寺院なぞありません」と告げた。ロニーがゾロアスターの本の文字を示したところ、日本人僧侶はそれを筆写していった。ロニーが知りたいのはインド・日本哲学であり、日本仏教概念であったため、「私は司教に仏教の根本思想について、彼の考えを教えてほしいと頼んだ」ところ、ある僧侶が次のように応じたという。

「神と神の現れしかないのです。神は推進力であり、生命を与える力なのです。その神の現れが、物（物質）なのです。神の現れとしての物は、分割不能で、壊すこともできません。物の構成要素（原子、分子、細胞?）は、神の方へと向かう傾向によって、運動を獲得します。運動とともに、形、色、音、臭い、熱、重さ、意志が生まれます。しかし、海綿《かいめん》が石よりも大量の水を吸うのと同じように、物のある種の結合は、神の物質をより濃密に同化吸収するのです。そこから石から人間までの、人間から仏陀（完全な神性の至高の状態）までのあらゆる存在するものにある差異が生じるのです。

物質が個々に結合すると、個々の存在は多かれ少なかれ明確で、完璧な目的の意識、直観を持つようになります。この意識あるいは直観の推進力に従うこと、それは究極の変容に至る継続的な変容［輪廻《りんね》のこと］の準備を整えることなのです。この推進力に抗う態度を示すこと、それは創造の階梯を後退させることに同意することになります。

あらゆる存在は、その種に特有の完全性に到達することができます。後退するのでない限り、運命である道から外れることはできません。しかし、あらゆる道（タオ）は、同じ目的に繋がっています。この目的が〈大宇宙〉（涅槃）なのです。

〈大宇宙〉は、いついかなる時も完璧なものです。しかしこの完璧さは、今あるものよりもさらに広がることができます。この完璧さは、日々、涅槃に新たな存在が入ってくることで拡張していくのです。〈大宇宙〉は永遠であります。というのもそれは一瞬だからです。つまり、それは持続のない瞬間のなかにしか存在しないのです。だから、それは無限なのです。それは拡がりも大きさもない点にしか存在しないのですから。

存在するものが涅槃に入ってきても、そのことが〈大宇宙〉の力を増強することはあっても、〈大宇宙〉の性質は何一つ変わりません。共通点から描き出される円周の線は、長さがさまざまに変わりますが、一本の半径の線から成っています。この円周は、それよりもさらに能力に恵まれた円を生み出すのです。またこれらの円のどれ一つとして、それより小さい同心円と性格は異なることはないのと同様のことです。要するに、神は神の法を変えることなく、解脱《げだつ》した［＝死んだ］あらゆる存在を吸収して広がっていくのと同様のことなのです」。

〈大宇宙〉との関係での個人の問題について質問すると、司祭の一人が私に答えてくれた。

「持続することの理由のないものの持続を私は信じません。私はキリスト教の創始者たちが、肉体を肥やすためにしか地上で生きてこなかった無数の人間たちを、天国であれ地獄であれ、ずっと保つことに努めてきたその利点が全く理解できないのです。また、私には偶発的に創造されたもの全部が永遠に保たれる場所など想像することは難しいのです。世界は一つの目的を持っています。この目的を成就するのに役立たないものは、絶対の存在になる条件に恵まれていないものなのです」。

多分にキリスト教的な解釈を加えられた、神概念、物質観、涅槃論、そして、〈大宇宙〉と個人との関係。ロニーは「この答えでは物足りなかった。個人の運命は、私の対話者の頭にはないかのようだった。この点について、彼といくつか考えを交わした後で、彼は私に再び答えようとした。しかし、彼は今さっき私が彼に言ったことを繰り返すことぐらいしかできなかった」というが、この僧侶の発言自体、ロニー自身の仏教理解を彼らに仮託して語らせ、その理解の困難さを表明したものだったのかもしれない。

そのロニーに対し、ある僧侶が「帰国後、彼の国から、彼らが進んで新仏教（新仏道）と呼んでいるものの詳細な説明を送ってくれると約束してくれた」という。

ロニーは会見録を、「この一行が日本に帰国してからというもの、私は彼らから何の知らせも受け取っていない。私が知っていることといえば、いくつかの土地で、彼の国の古い神々が競売に掛けられて売られたということだけである。いくつかはヨーロッパの古物商に落札された、それで日本の八百万《やおよろず》の神々の一部は、西洋の美術館のガラスケースのなかで生涯を終えることを余儀なくされたのである」と結んでいる。

3　島地が学んだ「信教の自由」と「政教分離」

島地らが学んだもの

堀口が指摘するように、島地らは西洋に遅れを取っている日本の発展のため、科学的宗教を求めて、ロニーに質問を投げかけたが、その問答はすれ違いに終わった。ただ、ここで交わされている会話で島地らは、自分たちが遅れてしまった理由を問い、その責を過去の儒教や仏教の教えに求め、新しい宗教の構築のために、西洋の宗教を学び取ろうとしており、信仰の胸襟を開いて、新たな教えを受け入れようとする姿勢さえ見せている。

近代化のための科学的宗教というより、混沌とする宗教政策のなかでの生き残りをかけた、既成仏教の再生のための科学的宗教の習得、という姿が、ここには現れている。「強烈な意識」という堀口の表現は、その意味で妥当であった。ロニーは日本の近代化の速度に疑義を示すより、急速な変化に可能性を読み取ることを、島地らに説いた。将来像を追い求めて得られず、夜中にロニー宅を訪れた島地らとのすれ違いの一つの理由は、そこにあった。

堀口は、この視察を通して島地は西洋的な政教関係を認識し、これをもって日本の政教関係を批判的に捉え直すようになり、宗教は「神為」であるとして、明治政府の「人為」的な宗教政策を批判していったという。さらに島地は、人間の内面に関わる宗教を政府が法律によって規制することはできないと考えるようになったが、その目的は「今日的な意味での信教の自由」を保障するためではなく、あくまで政府批判にあった。島地は西洋世界の発展とキリスト教とは関係がないとして、知識や科学の重要性を重視したが、こうした認識は、留学生や洋行者からの教示だけでなく、「彼自身の思索の結果」ではないか、と堀口は指摘している（堀口良一「明治初年における島地黙雷の政教論の意義」）。

木戸・青木との会談とフェヌロンの翻訳

島地は一八七二年七月から一一月にかけてロンドンで、岩倉使節団の副使として渡欧してきた木戸孝允、ドイツ留学中の青木周蔵《あおきしゅうぞう》と面会して宗教問題について議論した。

青木の自伝によると、木戸は欧米人が「宗教」に熱心な理由を問い、青木はキリスト教が「崇神」「正心《しょうじん》」「克己《こっき》」「博愛」の道徳を広めて欧州の「文明開化」を発展させたと答えると、木戸は日本人もキリスト教を信じるべきかと尋ね、青木は必ずしもそうとは考えないが、心を正し、身を修めるには「神聖なる教旨の力」が必要だと応じた（青木周蔵著／坂根《さかね》義久《よしひさ》校注『青木周蔵自伝』）。

さらに青木は、明治天皇がキリスト教に改宗して国民がこれに従うようにすべきだという意見が使節団内にあるという木戸の発言に対し、固有の「宗旨」を捨てて他の「宗旨」に帰依することは、それまでの「確信」を廃滅させる上、欧州では戦争の要因にもなってきたとして、各国の憲法では、どの「宗教」を信じても「人民の自由」であることが約束されており、それによって内乱を防止していると回答した（同前）。

木戸は青木に憲法についても質問し、青木も欧州の憲法史について詳細な説明をしており、一八七三年一月に青木が外務一等書記官に就任すると、木戸はドイツにいる青木に憲法案の起草を依頼する。青木は同年三月までに「大日本政規」と題する草案を作成したが、そこには、島地らとの宗教論議が明らかなインパクトを与えていた。

その第一二条では、キリスト教を「禁止」することを明文化し、第一三条では、日本で「主」として信仰すべき「宗旨」として「釈茄〔迦〕教」を掲げたのである（家永三郎他編『新編明治前期の憲法構想』）。

一八七四年六月頃までに、青木は「帝号大日本国政典草案」を作成した（同前）。ここでは「信教の自由」を認めており、青木、木戸、島地の間で、キリスト教の禁止か、仏教の国教化か、あるいは「信教の自由」を認めるか、議論に揺れあったことをうかがわせている。島地自身は、「信教の自由」を求めつつも、あくまでキリスト教は排除する構想を固めていく。

島地が政教分離、信教自由についての認識を獲得した要因には、青木の発言や自らの視察、本人の思索に加え、留学生や教師からの影響があった。ロニーとの会見は、将来像を性急に追い求めた結果すれ違いに終わり、具体的な何かを獲得できたわけではなかったが、「目覚めたい」と科学的宗教を追い求めて、むしろそれを得られなかった意義は、小さくあるまい。仏教信仰への自信は、この会見を経てさらに深まったものと思われる。

「信教の自由」への開眼という意味では、フランスの神学者であるフランソワ・フェヌロンの著作の影響も見逃せない。

島地は滞欧中に記した論説のなかで、「費氏（フエーネロン）法教の自由を論ずるの文」と題する一項を設け、フェヌロンをフランスの「理学者」だとした上で、フェヌロンが、人民が最も理解すべきことは、人民の信仰を強制的に変更させ得ないことである、と述べたとしている。国王の力は「人心信仰」の力には及ばず、むしろ人民を「保護」して、その信仰に従うようにすべきであり、信仰を奪い、自らの意思に従わせようとするのは、「教法」をもって「奴隷」とするものので、信仰は一切「自由」に任せ、その良心に従わせるべきだとフェヌロンはいう（二葉憲香・福嶋寛隆編『島地黙雷全集』第二巻）。

こうした読書や翻訳を通しても、島地の「信教の自由」への理解は深まっていった。

リスコーの影響

島地の思想形成過程における教師との接点としてもう一つされるのが、エミル・グスタフ・リスコーとの邂逅《かいこう》である。

プロテスタント神学者の家に生まれたリスコーは、ベルリンやボンでプロテスタント神学、神学的自由主義、神学的自由思想を学びながら成長し、一八四五年にベルリンの聖マリア教会の牧師になり、一八五九年からはノイエ・キルヒェの牧師として働いた。ベルリン出身のほかの神学者たちとともに、プロイセン王フリードリヒ・ヴィルヘルム四世の「国家教会政策」に反対し、領邦教会の組織自律権（selbständige Verfassung）を主張した。

リスコーのこうした教会政策への態度や近代自然科学に対する柔軟な姿勢は、保守的な教会関係者から攻撃されることとなったが、これらの業績から、一八六八年にはハイデルベルグ大学から名誉博士号を受けている。

一八七二年、リスコーは信仰告白（信徒信条）の伝統的要素に関する講演を活字化して発表し、地獄の存在やキリストの肉体的復活、現世への帰還などを疑問視するその主張は、宮廷の説教師派と対立することとなり、教会総監事に召喚されて取り調べを受け、黙雷がリスコーと会った同年一〇月は、教会の最終処分を待っている段階にあった。この論争は、プロテスタント教会新聞、新福音派教会新聞、一般福音ルーテル派教会新聞と福音ルーテル派教会新聞に掲載された。

リスコーは、自然科学の発展に理解を示すドイツ人牧師であった。島地は一八七二年一〇月四日にリスコーと会った翌日から『使徒行伝《しとぎょうでん》』の翻訳に取り組んでおり、明らかにリスコーの影響が認められるが、そのリスコー自身が、国王の「国家教会政策」に反対し、領邦教会の自律を主張していたという事実もまた、黙雷に少なからぬ影響を与えたものと推測される。「政教分離」への着眼と反政府運動の種が、ここで植え付けられたのではないか。

反政府運動の火の手

実際、島地の政教分離を掲げた反政府運動の火は、すぐに灯りはじめた。島地は『使徒行伝』の翻訳にとりかかった後もリスコーのもとを何度も訪れ、青木と会い、木戸に書簡を送るなど在欧の日本人と交友を重ね、一〇月末にリスコーと通訳にそれまでの礼を述べて、一一月二〇日には帰国する由利公正《ゆりきみまさ》に「書」を託している（前掲『島地黙雷全集』第五巻）。

一二月一六日に同志の大洲鉄然《おおずてつねん》らに宛てた書簡では、「政教」は「判然」と分離すべきもので、「僧家の事」に政治が介入すべきではなく、また「僧侶」は政治に手を出すべきでもないため、教部省が教導職を任じていることは欧州では「夢」にも考えられないことで、「非慨」に堪えないと記した。『使徒行伝』の翻訳を完成させたのは、同月二九日のことである（同前）。

この間の一二月二〇日に大洲らに宛てた書簡に「三条教則批判建白書」を添付した島地は、文章が粗く内容も「烈」に過ぎるかもしれないが、「一死」を期して記したため、「文」は変えても「意」を変えるつもりはない、との決意を示した。キリスト教は「愛」の一字に尽き、仏教徒が互いに「讐」を抱くのとは異なるため、大洲らは広く信徒を「愛」してキリスト教徒に遅れを取らないよう伝え、「宗旨」には「抵抗」がなければならず、役人の鼻息をうかがうのでは済まないとして、建白書が世に出れば僧侶も「図に乗」るだろうと自信を示している（同前）。

翌年一月一七日に大洲に宛てた書簡でも、大教院に「大神宮」が建てられたと聞いて、「神」を皆が拝まねばならないなら、「仏」も皆が拝まねばならないだろう、と記し、神道の教説を僧侶に説かせるのは、これを「宗旨」とするためで、僧侶はこれに協力すべきではないと述べた。「教」は政治と違って「人心」をまとめるもので、政治のように変転を繰り返すものではないとした上で、「教部は廃仏の極」だと島地は喝破する（同前）。

4　帰国後の島地と明治国家建設

帰国後の島地

「三条教則批判建白書」において島地は、「政教」は混淆してはならない、と政教分離の原則を述べた上で、一八七二年四月に太政官が教化運動の方針として達した「三条教則」の第一条「敬神愛国の旨を体すべき事」について、「敬神《けいしん》」は「教」、「愛国」は「政」であって、両者を混同しているのではないか、と問題提起した。政府が「一教」を造成して国民に強制すれば欧州人に笑われるだろう、それは「宗旨」が「神為《しんい》」であって人間が「造作」すべきものではなく、「心《しん》思《し》」は抑圧されるべきではないからだ、と「信教の自由」を説いた（二葉憲香・福嶋寛隆編『島地黙雷全集』第一巻）。

こうして滞欧中から政府の宗教政策を批判する活動をはじめた島地は、帰国後、本格的に大教院分離運動を展開し、大教院に参加していた浄土真宗の離脱（分離）を説き、大教院、その所管官庁である教部省の廃止をも迫る建白・言論活動を展開していった。木戸や伊藤は島地を支持し、政府内部から、これを支援する工作に取り組み、大教院は解体、教部省は廃止にいたる。教部省廃止の原案を作成したのは、伊藤であった。

他方、すでに述べたように、島地が説く「信教の自由」はあくまでキリスト教を排除したもので、普遍的な権利ではなく、政教を分離した上で、仏教をはじめとする宗教が自主的に政治を支援していく姿勢を強調するなど、厳密な意味での分離を説いたわけでもなかった。

島地は、神道は未開だとして「宗教」としては否定するが、祖宗や祖先、名臣を敬うといった意味での神道を「非宗教」として肯定し、神社での奉幣《ほうへい》も認めており、国家神道論や靖国神社《やすくにじんじゃ》国家護持論《こっかごじろん》の原型を構築したとさえ言われている。

事実、島地は「信教の自由」を認めつつも、政府に対する宗教者の貢献を義務とした「信教自由の口達」を受け入れて教導職に就任し、政府への協力姿勢を鮮明にした。

教部省廃止の翌月、一八七七年二月に島地は渥美契縁《あつみかいえん》と連名で参議兼内務卿の大久保利通《おおくぼとしみち》に提出した「社寺局改正意見」で、「教法」上の権利は信徒の「思想」に基づくものであるため、政治とは関わりなく、政府の「宗門」に対する「保護」は世俗上の「管理」に止めるべきだが、「教法家」は政府に対する「義務」として人心を改良して政治に貢献すべきだと述べている（同前）。

島地は欧州滞在中に、使節団を率いてきた岩倉具視《いわくらともみ》大使に献呈したとされる「欧州政教見聞」でも、「教」は人を導いて政治を助けるものであって人を治めるものではないと述べ、政治の「要」は制度を作り、学問を発展させ、産業を興して民を安んずることにあり、これを行わせ、努めさせるのが「教」であるとしていた（同前）。こうした姿勢は、終始一貫していたのである。

島地の「限界」と明治国家

一八七七年二月に勃発した西南戦争で、浄土真宗本願寺派は積極的に政府を支え、島地自身、日清・日露戦争下で意欲的に日本政府・軍に協力していった。これを島地の限界、というのは容易いが、ロニーとの会談の際に見られた、西洋に遅れを取っているという強烈な危機感と、国家と宗教の改革に対する飽くなき意欲とが、島地を「自由」と「分離」を踏まえた自主的な「貢献」の肯定へと導き、「自由」と「分離」の本質的・普遍的意義を錯覚させる「焦り」を生んだのもまた、事実であろう。

独立への危機感と近代化への希求に迫られていたのは、島地だけではない。明治政府もまた、文明国としての体裁を整え、国際社会での地位を確立すべく、大日本帝国憲法の制定を急いでいく。ヘルマン・ロエスレルやアルベルト・モッセといったドイツ人法律顧問らのアドバイスを受けながら、国教主義を否定した第二八条が成立し、「信教の自由」が保障される。

枢密院での憲法審議の開会にあたって議長の伊藤は、欧州では「宗教」が「機軸」を形成して「人心」をまとめているのに対し、日本では「宗教」の力が「微弱」で「仏教」も衰えているため、「皇室」を「機軸」とすべきだと述べている（瀧井《たきい》一博《かずひろ》編『伊藤博文演説集』）。皇室を機軸とした国家構想は島地にも通底するものであり、両者に深い親交があったことは、すでに見た通りである。

では、第二八条が「自由」の条件とした「安寧秩序《あんねいちつじょ》」や「臣民たるの義務」とは何か。『憲法義解』の同条解説にあるように、「安寧秩序」の点から宗教活動は「制限」を受けるが、それはどの程度であるべきか。その具体的な模索が、宗教法案をめぐって展開されていく。

第二章
仏教のみを「公認教」とすべきか——第一次宗教法案をめぐる論争

1　第一次宗教法案の提出と概要

法案提出の背景

近代日本ではじめて包括的な宗教法案が作成され、帝国議会に提出されたのは、一八九九年(明治三二年)一二月九日のことである。

一八九四年に日英通商航海条約の締結によって日本は部分的に条約改正を達成し、これに伴って外国人の内地《ないち》雑居《ざっきょ》を実施することとなり、その条約では両締約国民《りょうていやくこくみん》の「信教の自由」が認められた。同様の条約がアメリカ、フランス、イタリア、ロシア、ドイツ、オランダなどとも結ばれ、これらが一八九九年七月から八月にかけて実施されることとなり、内務省は同年七月二七日、省令第四一号を発令して、これまで取り扱いがあいまいだったキリスト教について、布教方法を地方長官が許可し、堂宇《どうう》の設立などを地方長官に届け出させた上で、公式に布教を認める。明治政府としては、キリスト教の布教を認め、対外的な配慮を見せつつも、同教が急速に国内に拡大し、仏教などと衝突することなどを恐れて、一定の行政的管理と監視のもとに置くこととした。その際、「有形」の設備の取り締まりと位置付けられたのが内務省令第四一号であり、「無形」部分の取り締まりとして期待されたのが宗教法案であった。西郷従道《さいごうじゆうどう》・内務大臣は宗教法案の閣議請議書で、内地雑居にともなうキリスト教布教に対応する法規の整備が、目下の急務となっていると述べている。

山県有朋《やまがたありとも》首相は一八九九年一二月一四日、宗教法案の提出に際して貴族院本会議で、宗教に関してては包括的な法規が存在しないとした上で、憲法上「信教の自由」が認められており、信仰の「内部」に立ち入ることはできないが、寺院・教会の設立や信徒結社、教規《きようき》・宗制《しゆうせい》など、「外部」に現れたものは国家が監督し、「社会の秩序安寧」を妨げず、「臣民の義務」に背かないようにするのが「国家の義務」であり「職責」だと演説している（「帝国議会会議録検索システム」。以下、帝国議会本会議・委員会の会議録はすべて同じ）。

一八九八年には民法が施行されていたが、神社、寺院などは適用外となっており、それを補完した措置でもあった。

法案の概要と反応

全五章五三条で構成された宗教法案は、「公」に宗教を宣布し、宗教上の儀式を執行する社団や財団は、同法に依らなければ法人となり得ないとし、「寺院」や「教会」といった用語を定義した上で、その設立には主務官庁の「許可」、規則の変更には主務官庁の「認可」を必要とし、仏教の包括団体である「宗派」やキリスト教の包括団体である「教派」は、法人とはなり得ないと規定した。

教規や宗制について法人内で争議が起きた際には、「宗教委員会」が構成されてこれを裁決し、寺院・教会・教派・宗派、その他の宗教団体は主務官庁の監督下に置かれて、主務官庁は事務報告を徴し、検査その他必要な命令を発して、処分ができることとされている。

宗教教師についても定義し、宗教上の集会についても事前に届け出るよう規定したほか、これらに違反した場合は、刑罰として禁錮《きんこ》や罰金が科せられることになっている。

こうした規定に対して主に仏教側が、寺院・教会に対する監督干渉が厳しく、自治機能がほとんど認められていないこと、政府の干渉を重視しているために宗派との関係が希薄になること、仏教をキリスト教と同列に扱うのは仏教と国家との関係を破壊し、国民の宗教的態度に変革を強制するものであること、といった批判を投げかけることになったとされる。

法案は貴族院の特別委員会において修正案が提示されたものの、結局、反対多数で否決された。

2　総合雑誌からの批判

『太陽』の仏教批判

宗教法案をめぐる論議を、当時勃興期にあった総合雑誌から見ていこう。この頃、発行部数や読者への影響力という点で、最有力の総合雑誌だった『太陽』は、さかんに宗教法案問題を取り上げている。

一八九九年九月号に掲げられた「仏教法案の成行」では、仏教各宗管長会が決議した「仏教法案」の内容を紹介した。仏教側がキリスト教と同列に扱われることを警戒し、独自の法案を作成したわけだが、同案では、仏教各派を法人として管長が「統理《とうり》」し、法律によって仏教各宗派を「公認」することをうたっている。管長は「宗憲」を定めて主務大臣に届け出、各宗派事務所の敷地や建物は非課税とされ、事務書類の印紙税も免除されると規定し、管長や寺院、教師、布教、学校、管長会などについても詳細な規定を設け、規定に違反した場合の罰則も設けた。同案は管長会の「希望」として、内務省社寺局長に提出されたという。

こうした仏教側の動向に対して、『太陽』は宗教法案を支持し、その通過に期待を寄せた。一九〇〇年一月号に掲載された記事「宗教法案をして通過せしめよ」は、同案で仏教とキリスト教を同列に扱っているのは時勢の必然であり、「吾人の理想」であると評価した上で、同案では保護も特典も少ないが、「中庸《ちゅうよう》」の立場から「信教の自由」を保障しているとして、「絶叫」して「法案の通過」を望む、という（傍点原文。以下、すべて同じ）。「頑冥《がんめい》」な僧侶による「盲目運動」に動揺することなく、法案を成立させることを訴える同誌は、仏教のみを公認教とする運動を「卑劣なる排外心《はいがいしん》」によるものだと厳しく批判し、国家はどの宗教も同列に扱い、その興亡盛衰は宗教家自身の努力に一任すべきだと主張した。

宗教法案にともなって宗教教師は徴兵猶予の特典を付与されることが提起されたが、同月号の記事「宗教々師の兵役」は、政府がこの措置をとった理由について、宗教家は殺人行為を避けるべきだと考えたのか、であれば、戦争を宗教的に見て悪事と公認したのではないか、それは国民皆兵主義と相反するのではないか、として、この特典付与に反対し、政府が「本願寺慰撫政策」として特典を盛り込んだと批判した。

続いて同号に掲載されている記事「東本願寺派の不遜」は、真宗大谷派はキリスト教と仏教を同一視し、本末関係を破壊するという点から法案に反対しているが、前者は社会的に受け入れられず、後者は「末寺圧制の野望」によるものだと指摘し、特に法主《ほっす》の絶対的権限を主張して末寺の財産的独立を脅かそうとする態度は、法主の地位を皇室に擬そうとしているものだと批判して、彼らの要求を「国家に対する不当の要求」として排除すべきだと断じている。

同年二月号の記事「宗教法案と宗教界の動揺」は、仏教各宗派内の動静を詳しく解説した。仏教公認教運動の中心は大谷派の石川舜台《いしかわしゅんたい》であり、石川は青年仏教徒を「使嗾《しそう》」して「仏教徒国民同盟会」を組織させ、仏教と国家との親密な関係を強調させて、仏教の国教化を目指して「仏教法案」を策定させるにいたった。政府はこれとは別に宗教法案を提出したため、大谷派は失望し、仏教各宗派の足並みも乱れたという。

それまで公認教運動に参加していた仏教各宗派や中立宗派から、浄土真宗本願寺派が宗教法案賛成派に、浄土宗、曹洞宗、真言宗、天台宗、日蓮宗が宗教法案修正派に転じ、反対派に止まったのは大谷派のみで、石川が代議士を歴訪して「脅迫」し、全国仏教徒大会を開いて示威運動を展開している。本願寺派が賛成に転じたのは、「東本願寺の向を張るの決心」というライバル心からだと、同誌は解説した。

同月号の記事「仏教徒大会なる者の決議」は、一月二一日に両国で開催された仏教徒大会で、公認教制度を希望し、宗教法案を「消滅」させようとする示威運動が展開されたが、それは政府を威嚇する「虚声《きよせい》」に過ぎず、「両院議院の理性的判断」を惑わせようとする動きであり、議員はこうした動きに動揺しないよう求めている。

続いて同月号に掲載された記事「諸宗教派の同一待遇」は、仏教徒の一部が仏教を公認教として行政上の保護・特権を与え、キリスト教を非公認とするよう主張しており、その根拠として、仏教が一〇〇〇年以上の歴史を有し、皇室も帰依したことや、多数の信徒を有している点を挙げているが、所詮は「宗門制度の夢」を繰り返し見ているに過ぎないと批判し、続く記事「宗派は公法人たるべからず」も、彼らが宗派の法人格、その自治権・統括権を求めているのに対し、宗派が統括権を有せば、市町村が収税権を持つのと同様、国家が統治できなくなると反論した。

あわせて掲載された記事「宗教教師と政治意見」は、法案に盛り込まれた宗教教師の政治運動禁止規定について、「最も政治に容喙」して政権の保護を求めてきた彼らが、これについて沈黙しているのは解せないとして、廃娼運動《はいしょううんどう》や一夫一婦制の導入などのため、同規定に反対しているキリスト教徒を挙げながら、仏教徒が「如何に腑甲斐な」いかを痛論している。

こうした論議のなか、宗教法案は否決された。三月号の記事「各種の宗教法案（宗教法案の否決の善後策）」は、否決を悲しむべきことだと評しつつ、法案が提起されたことで宗教法問題について国民の間で議論が活性化し、学者や政治家の間では各種の案が作成されたことを、将来の宗教法制定にとって明るい材料だと評価して、内務省も有識者を欧米に派遣して制度の実状を調査するよう「勧告」している。

同号の記事「宗教法案の否決」も、宗教法案は条文が煩瑣に過ぎ、「極端なる法治主義」に陥った感はあるものの、大体において「吾人の意」に答えたものであったと評価した上で、特に、すべての宗教を同一待遇とし、特定の宗教に国教的な特権を与えなかった点を特筆し、この否決を「頑冥なる仏教徒」が「自己等の運動の成功」と見なして、今後も「潜妄《せんもう》の挙動」に出ることを警戒して、山県内閣に法案の再提出を求めた。

『太陽』は、仏教のみを公認教、事実上の国教とする運動を批判し、各宗を平等に扱う宗教法案を「信教の自由」を保障したものとして支持して、その通過を望み、貴族院での否決を経てもなお、将来の法案再提出・成立を望んだわけである。

『中央公論』の仏教公認教運動批判

もともと仏教系の雑誌として創刊された総合雑誌『中央公論』も、意欲的に宗教法案について論じた。一八九九年一〇月号の記事「宗教法案出《いで》んとす」は、提出される見込みの宗教法案について、一部の仏教徒が反対しているが、政府・議会はその言動に左右されることなく、宗教法によって「信仰の自由」を保障し、「公平」かつ「有効」に各宗教を発達させることを目指してほしい、との姿勢を示している。

一二月号の記事「宗教法案の提出」では、仏教公認教運動が高揚し、仏教法案が示されるなか、山県内閣が宗教法案を提出したことを評価しつつ、寺院が消滅後五年以内に再建されない場合は解散されたと見なす、という第二五条と、解散した場合は宝物の処分を勅令で定めるとした第二七条について、仏教のみを厳しく規制したものだと批判した。宗教法案には大体において賛成だが、「一部の修正」を施してほしい、というのが同誌の立場である。

一九〇〇年一月号に掲載された記事「宗教法案と一部の仏徒」は、こうした修正を必要としながらも、「信仰自由」を保障する日本政府としては、現在のような宗教法案を出さざるを得ず、特定の宗教を優遇することは「政教の紛乱《ふんらん》」を生み、「信教自由の大憲」にも反すると論じた。国民の信仰は自由であり、法律によってある信仰を保護、あるいは阻害することはできず、「信仰の勢力」は「信仰の実力」によってのみ定められ、「国家の私恩」に頼ると「信仰の残骸」が生まれるとして、公認教論者を批判している。

法案否決を受けて同年三月号に掲載された記事「宗教法案の否決」は、法案は修正を要するものではあるが、反対運動を展開してきた僧侶らが「甘味」を覚えて、今後も法案が出る度に「不穏の行動」を起こし、「地方の良民」を攪乱《かくらん》して、無理難題を政府・議会に押しつけて宗教法案を葬り続けることを懸念し、法案を否決した貴族院の「不手際」を批判している。

『中央公論』も、仏教公認教運動を批判し、憲法が「信教の自由」を認めている以上、特定の信仰を保護も阻害もできないという立場をとったが、キリスト教会にはない取締規定が仏教寺院に設けられている点については、具体的な修正を求めていた。仏教徒が否決を成果とみて反対し続け、宗教法案の阻害要因となることへの懸念は、『太陽』と同様である。

その他の雑誌の論評

政府の条約改正に反対していた大日本協会の機関誌『日本主義』は、一八九九年一二月号に「宗教法案」と題する時評を掲げ、仏教とキリスト教を同一待遇で監督すべきだと要求してきた立場から、宗教法案は歓迎すべきものであり、「宗教に対する公平なる規定」は決して変更してはならないと説いた。

仏教が「国教」になることを目指して法案に反対するのは「大不敬大不忠大偽善大欺詐」だと同誌は酷評し、彼らは国会議員を宴会で接待して仏教の国教化を説いているが、「国家」を思うのであれば、「深山幽谷」に分け入って座禅を組み、内省して「都の花」から隔絶すべきだと苦言を呈している。ただ同誌は、宗教より国家が、本尊より天皇が重要であるとの立場をとり、宗教は「迷信」だとして、「国家政府」のもとに隷属して「厳重なる指揮」を受けるべきだとも述べている。

学術誌の論調にも目を向けてみよう。行政学会の学会誌『行政』は一八九九年一二月号の巻頭に「宗教法案に就て」と題する解説記事を掲げた。同記事は、「信教の自由」は憲法二八条によって保障され、安寧秩序を妨げず、臣民たるの義務に背かない限り、いかなる宗教も信仰は自由であり、国家は法律をもって宗教に区別を付けることはできず、その内部に干渉することもできないと述べる。

その意味で、宗教法案が「一視同仁」の立場から各宗教を平等に扱っているのは「憲法の趣旨」に沿っているが、信仰が外部に現れた側面には「相当の制限」を加えざるを得ず、その具体的な規定を設けた法案も妥当とした。租税免除の規定など、宗教団体に保護を加えるのも当然であり、宗教教師の政治運動を禁じた法案の規定も、政教分離の観点から許容されるものだとしている。宗教委員会の規定もヨーロッパにおける宗教裁判所を模したもので「機宜に適」しており、法案全体としても「信教自由」を保障し、憲法の趣旨と改正条約実施に即したものであると評価した。

国家学会が発行していた『国家学会雑誌』は一九〇〇年一月号の雑報欄に「宗教法案に就て」と題する論評を掲載し、「信教の自由」は「人の行為」に関するもので、単に「心中の信仰」を指すだけではなく、憲法二八条も「信教に必要なる行為に関する規定」と解釈すべきであるとする。

宗教法案については、第一五条で、教派・宗派・教会・寺院が目的以外の事業をなし、または公益上必要と認めたときは、主務官庁が許可・認可を取り消し得ると規定しているが、目的以外の事業をするのは法人ではなく「理事者」であって、処罰されるべき存在も「理事者」で、「理事者」の不始末によって寺院を解散させるような事態は「穏当《おんとう》」ではない、と批判した。その上で、教会や寺院は、安寧秩序を妨げる等の理由に該当しない限り、なるべく「自由に任せ」てみだりに解散させないことを主意とすべきだと論じている。

『早稲田学報』一九〇〇年一月号に掲載された記事「宗教法案」は、宗教法案が「頗《すこぶ》る公平」というのが「普通の輿論《よろん》」であるとした上で、同誌も法文上は強く反対する点はないが、政府がなぜここまで細かく「干渉的法則」を設けたのかは怪しまざるを得ない、と懸念を表明する。宗教は「理論」によってのみ制御されるものではなく、「関与せざるを治道」とするのが妥当であるとし、仏教公認教運動を「利欲主義」から出た「頑冥なる意見」だと批判した上で、議会での修正を経て通過するのではないか、との見通しを示している。

法案否決を受けた同誌同年二月号の「宗教法案の否決」は、仏教公認教論の立場から否決を喜ぶべきか、各宗平等の立場から否決を不幸とすべきかは、「急遽」判断すべきことではなく「熟議」を要するとした上で、政府の意向に従順とされる貴族院が政府案を否決したという事実に着目し、衆議院が「無主義無節操腐敗堕落」しているのに対して、貴族院が「比較的健全」で「公明正平の行動」をとったと評価した。仏教公認教運動を批判しつつ、法案の「干渉的法則」を批判していた、同誌なりの評価である。

第二次山県内閣は、自由党の後身で大隈重信《おおくましげのぶ》の憲政本党と対立していた憲政党を与党としており、衆議院の動勢を批判した『早稲田学報』には、そうした政治的立場も濃厚に示されている。

3　知識人の評価

渡辺洪基の持論

『太陽』には、政治家や知識人の発言も掲載されている。一九〇〇年一月号には、「宗教法案の話」と題して、貴族院議員（勅選）で元帝国大学総長の渡辺洪基《わたなべひろもと》のインタビューが掲載された。

前年一二月一六日に開催された東京経済学協会例会の場で『太陽』の取材に応じた渡辺は、宗教法案に対して僧侶が反対して騒いでいることを「間違て居る」と批判し、法案では僧侶に対して多くの保護を与えているが、彼らは仏教と同等の保護をキリスト教に与えるのが「本意」でないため、仏教だけを「特別」にしてくれと求めているとして、自分たちさえ保護を受けられれば他宗教のことを論ずる必要はなく、仏教が他宗教を排斥するのは「余り虫が好すぎると思う」と難じた。

築地本願寺の地租を免じるのに駿河台《するがだい》のニコライ堂は地租を徴収するのでは「不公平」ではないか、と具体例を挙げる渡辺は、『早稲田学報』が難じたような「干渉的法則」に反論する。教義や宗制の認可を受けることで、政権が「形而上の教義」に立ち入るのは不都合だという主張があるが、内務省の認可権は宗制が「治安」や「風俗」に害があるかどうかを判断するだけで、宗教法でなくとも、「行政権」が当然行うべき「職権」であり、これを放置すると「蓮門教《れんもんきょう》」や「天理教」のような宗派が出てきて、男女入り交じって踊ったり、病人に腐った水を飲ませたりするので、いわゆる「淫祠」を取り締まるのは「真正の宗教徒」の歓迎すべきことではないか、と渡辺は述べる。

仏教公認教運動と並行して神官が神祇官復興運動を展開しているが、渡辺はこれも「間違て居る」と難じた。皇室の祖先や国家の名臣を祀る「日本の神祇」は、内務省社寺局ではなく宮内省が管轄すべきだとする渡辺は、神道も内務省の所管下にあるために、神官も神道を「一派の宗派」のように捉えているが、神道には経典もないのに、明治初期に三条教則を掲げて民衆教化を試みたために誤解が生まれたとして、神社に関する事務は宮内省に移管すべきだという持論を強調している。

藤井健治郎の評価

『太陽』の記事「諸宗教派の同一待遇」は、宗教法案問題について最も公明な判断を下しうる位置にいるのは『哲学雑誌』だと述べているが、同誌一九〇〇年一月号に「宗教法案と宗教」と題する論考を寄せたのは、倫理学者で、当時東京専門学校（のち、早稲田大学）で教鞭を執っていた藤井《ふじい》健治郎《けんじろう》である。

藤井は、国家が法律によって社会を律することの是非が問われていると前置きした上で、宗教法案について、細かい点では修正を要するものの、基本的には憲法の保障する「信教の自由」の範囲内で「国家行政の一事務」として宗教を監督する根本法としての体裁は整っていると評価した。

「信教の自由」は憲法の保障するところで、宗教の異同を問わず、国家は信仰の内面には立ち入らず、外部に現れた行為のみを監督するという政府の姿勢を「主意《しゆい》明亮《めいりよう》義理《ぎり》的確《てきかく》」と評価する藤井は、宗教の教義と国家の意志とが衝突するとき、「国家は断然宗教を処分」すべきであり、それは国家が自存自衛するために当然の職分であるとした。処分をする以上、その根本法が要請され、内地雑居が認められてキリスト教の流入が予想される今日、その整備は急務であり、議会は法案を修正して成立させるべきだと藤井は主張する。

藤井は、法案は「一視同仁主義」をとっており、仏教に特別の保護を与えることも、キリスト教に特別の迫害を加えることもしておらず、それが仏教徒の反対運動につながり、キリスト教徒の賛成論につながっているが、法案は各宗教を「同一制約」のもとに置いて「自由競争」をさせるもので、「自信」のある宗教であれば「制約」のもとで布教に従事すべきである、と述べる。

その上で藤井は、仏教が「国家の特別保護」を受けなければ存在を維持できないのであれば、それは「国家」にとって「無用の長物」であり、過去にどれだけ「功績」があっても、将来に向かって存在を主張する「権利」はなく、国家としても公認教として特別保護を加える「義務」はない、仏教は「形式上」の公認教ではなく、「実地布教上」「事実上」の公認教を目指すべきである、と論じた。

学術誌や知識人の間でも、仏教公認教運動に対する不満と、法案の規制的側面の是非が問われていたことがわかる。

4　仏教者・キリスト者・神道家の反応

大日本仏教徒同盟会の主張

仏教側では、宗教法案に反対するべく、大日本仏教徒同盟会が組織された。同会は一九〇〇年二月、『宗教法案反対意見』（大日本仏教徒同盟会）を刊行して、自らの主張を整理・発信している。この冒頭で同会は、宗教法案の立案にあたっては宗教が置かれた現状について細密に調査しなければならず、西欧各国でも「宗教派の勢力の大小」によって団体の取り扱いを区別しており、国内の諸宗教を「同一法規程」をもって律していないと強調した。その上で、宗教法案は「杜撰粗漏」で、国内の宗教状況を精査した形跡がなく、従来の制度を破壊し、古来の団結を解体させるものであり、「団体の性質」を異にしている仏教と教派神道、キリスト教

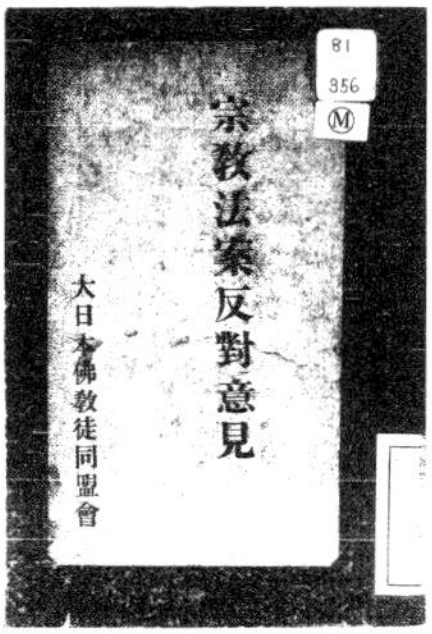

『宗教法案反対意見』

を同一法文中で管理しようとし、その裏面で、寺院に対して「無限の干渉」を試みる点に問題があるという。

続く各論では、宗教法案は仏教の本末制度《ほんまつせいど》を明記し、宗派内の自治の範囲を定めるべきにもかかわらず、実際は本末制度を破壊しようとするものであり、本来は宗派を公法人とすべきであるのに対しても、寺院が法人の単位となっていると批判している。特に「根本的に誤れる主眼点」として、外国に対して「遠慮」して「臆病」になった結果、「信教自由」を口実に、各宗教を同一に扱っている点を挙げ、キリスト教は「命令権」の主体が外国に存在しており、日本政府の監督が及ばず、したがって国家は法人として認めるべきではないと主張した。

同会が「峻酷《しゅんこく》なる干渉」として政府を批判したのは、寺院の財産管理・処分について、主務官庁の認可を必要とした第二一条などで、財産処分は管長の認許を得ればよく、主務官庁の認可制とするのは法人監督権の範囲を超え、財団の独立、宗派の自治を侵害するものだという。教規・宗制の認可制についても、国家が宗教団体の法度・制令を認可するのは、「政教分離の原則」に反し、将来的に「紛擾《ふんじょう》」を起こす一大原因になると指摘する。

同会は、政府当局者に対する「最後の警告」として、実際の「民情」に関わる法律は慎重な審議を経て発布する必要があるとして、ドイツでも新民法を導入するにあたり、まず草案を世間に公表して国民の輿論に訴え、議論がまとまった段階ではじめて議会に提出した、という例を挙げ、宗教法案は秘密裏に起草されて突然議会に提出され、政府は反対の声を無視して強引に成立させようとしていると批判する。「政府者の軽忽《けいこつ》実に言語に絶す」と述べる同会は、全国仏教徒は当局者に向かって「猛省」を促すとして、同書を結んでいる。

仏教勢力の内情

こうした主張を展開した仏教側だが、『太陽』が観察するように、決して一枚岩ではなかった。『禅宗』一九〇〇年二月号に掲載された「宗教法案に対する各宗の態度」によると、一月五日から七日にかけて京都の妙心寺で各宗派委員会が開かれたという。開会後、臨済宗建仁寺派の委員・瑞岳惟陶《ずいがくいとう》が臨済宗と黄檗宗《おうばくしゅう》を代表して、宗教法案は宗派を法人とすることを明記しておらず、キリスト教との区別や門末制度を規定していないとして、これに反対する決議案を提出したところ、「議論喧《かまびす》しく」本願寺派と大谷派が「激論」を交わしたが、結局、多数決で採択された。

続いて、真宗仏光寺《しんしゅうぶっこうじ》派、臨済宗相国寺《りんざいしゅうしょうこくじ》派、時宗《じしゅう》から、貴衆両院に陳情書を送ること、決議に対する趣旨を発表することなどが提起されて合意が得られ、陳情書も議決された。宗派を法人として自治を強固にすること、キリスト教に対して制限を加えること、本末関係を定めること、などを求めたものである。

しかし委員会終了後、本願寺派が修正の上で法案を通過させるべきとの立場から、他宗との提携関係を解消、門末に対しても、法案は時勢に適したもので反抗せず、法律の如何を問わず念仏に専念するよう諭示を発したという。大谷派は「極力反対」の姿勢を維持した。

法案提出後に公認派から法案修正派に転じた真言宗の専門誌『伝灯《でんとう》』一八九九年一二月二八日号に掲載された社説「宗教法案を批議《ひぎ》す」も見てみたい。同社説は、法案提出に際しての山県首相の演説を引用して、その趣旨は明瞭であり、文明法治国家として社会に影響力をもつ宗教団体に対する法律を設けないのは怠慢であり、諸外国と対等条約を締結して交際を深めようとする今日、外国人が最も重視する「信仰の自由」を明確にし、キリスト教徒の待遇を均一にする必要があると説いている。

ただし、同誌は各宗教の統括機関である「宗庁《しゅうちょう》」の権限を明文化していないこと、「干渉」が強すぎて「無用」の項目が多いこと、法文が生硬で難解であること、の三点に関しては、否決を望む人々に理解を寄せている。

同誌は、憲法二八条の範囲内で宗教の「平等」と「自治」を確保する必要と、特定の宗教を厚遇する弊害について論じ、宗教法案は「信仰の自由」を保障して宗教の「平等」を実現するものと評価し、寺院の財産管理・処分の厳格化や免税、宗教委員会による裁定なども肯定的に受け入れつつ、一般の私法人に比して「監督干渉」が厳酷に過ぎること、勅令や命令、認可といった「干渉」を「無制限」にする文言が多数見られること、「僧侶」「教師」「住職」など用語が一定しないこと、といった欠点を挙げ、真言宗としては特に、本山《ほんざん》や宗庁より寺院・教会の権利を重んじているところから、門末《もんまつ》関係に分立問題が発生しかねないと懸念を表明している。

これを踏まえて同誌は、宗教法案に賛意を示しつつ、その欠点を補完するよう期待して、その議論を閉じている。仏教側で最後まで完全反対の論陣を張ったのは、大谷派のみであった。

『六合雑誌』の論調

内務省令第四一号によって公式に布教が許され、宗教法案では仏教と同等の取り扱いを受けることになったキリスト教界の法案に対する姿勢は、どのようなものだったのだろうか。

キリスト教総合雑誌『六合雑誌《りくごうざつし》』一八九九年一〇月号は社論に「宗教法案」の項を設け、内務省が提出しようとしている宗教法案は仏教徒の希望とは相反して、キリスト教も含めたものとなりそうだが、その「根本方針」が「放任主義」となるか「保護主義」となるかは「困難なる問題」で、容易にはまとまらないだろう、との展望を示し、仏教各宗管長会の「仏教法案」は廃棄されるだろう、と述べた。当初から、仏教公認教運動が法案に反映されるか否か、内務省の規制がどの程度のものかが注目されていたのがわかる。

法案提出を受けて、同誌は一九〇〇年一月号の社論に「宗教法案と仏教徒」を掲げ、藩閥《はんばつ》の「無能」内閣と嘲られている山県内閣にしては、「近来珍しき上出来」だと法案を評価し、それは、「法案の趣義公平」なためであると論じた。同誌は、仏教とキリスト教を分けずに「教師」の名称を用いて同等の地位を与えた点を特筆し、長らく「外教《がいきょう》」として「冷遇」されてきたキリスト教にとって、これは「理義」に適った「公平」な措置であると評し、寺院・教会を財団・社団として法人格を与える点にも、その権利を認めて保護する精神が現れていると論じ、租税免除規定についても「良好の規定」とした。

同法案に合わせて宗教教師に徴兵猶予の特典を与える点も、教師は「仁愛平和の道」を説く者であり、これを「殺伐なる戦場」に送るのを避けたという意味で、「至当公明の処置」と評価したが、教師の政治活動を禁止した規定については、教師を「政治上の不具者」とするもので、修正を要すると批判している。

ただ、全体としては「該法案に賛成」であり、速やかに議会を通過してほしいとの期待を表明し、仏教徒、特に東本願寺が反対していることに不満を表明した。東本願寺は「軽薄なる政治家」を「籠絡《ろうらく》」して法案の通過を妨害しようとしており、石川らは仏教公認教運動を展開しているが、それは「政府以外に公権」を樹立して、ヨーロッパにおけるローマ法王のような地位を得ようとするもので、「政府の威権」を低下させる「危険」な試みと言わなければならないと批判する。

教会も寺院も政治上の権力においては政府と対立すべきではなく、これに「服従」すべきなのは明白な道理であり、政府と教会とが「至上権」をめぐって争ってはならない。ヨーロッパを事例にこの点を強調する同誌は、仏教公認教運動を厳しく批判し、憲法二八条によって「信教の自由」が認められた以上、各宗教は皆政府の「公認」を得たと解釈すべきで、仏教は未だ公認されていないと自覚しているのか、結局はキリスト教を「外教」とし、自らを日本古来の「歴史的宗教」と差別化しようと試みているだけではないかと追及する。

政府の公認が得られなければ布教ができないとするなら、それは仏教が衰えた証拠であり、公認教運動は政権の保護によって布教しようとするものにほかならないと同誌は喝破した。

『六合雑誌』は仏教公認教運動に対して、キリスト教を排除し、ローマ法王のような権威を目指すものとして危険視しているが、法案のもつ規制面については、あまり自覚的ではない。この点に注目したのが、日本組合基督教会安中《あんなか》教会の牧師・柏木義円《かしわぎぎえん》が創刊した『上毛教界月報《じょうもうきょうかいげっぽう》』である。

同紙は一九〇〇年一月一四日付の紙面で、キリスト教界では、教師の政治運動禁止規定は、アメリカで奴隷廃止の声が教会の講壇から発せられたような、「正義人道」「社会の良心」に反するものであり、こうした「干渉的の条項」は「全廃」すべきだという修正案が出ていると紹介し、仏教徒は「干渉」が多くとも「保護特典」を厚くすることを望み、キリスト教徒は「保護特典」がなくとも「干渉」がないことを望んでいる、としている。東京府下の新聞の多くは法案に賛成し、同案が「一視同仁」主義に則っていることを評価し、仏教徒の反対運動を「頑冥」だと排斥していると分析した。

正教会と「否決運動の主導者」

渡辺はニコライ堂に言及しており、貴族院の審議でもニコライ堂の動勢が話題になったが、日本ハリストス正教会の機関誌『正教新報《せいきょうしんぽう》』一九〇〇年三月号に「宗教法案と仏教の運命」と題する短文を寄せた司祭の影田《かげだ》馬太《マトフェイ》は、宗教法案は各宗教を「公平」に「保護」しようとするものだと評価した上で、仏教徒が法案に狼狽・驚愕し、民衆を扇動して政府を脅迫、法案の廃棄を図っているのは、「ハリストス教の蔓延」を恐れて仏教の永続を望んでいるためだと記している。

影田はこれを「頑冥不智」と批判し、「ハリストス教」こそが蒙昧《もうまい》な人智を救済することができ、仏教徒も国を憂うるのであれば、風俗を矯正して良風に帰させねばならないと述べ、我々には区々の法律を「争弁《そうべん》」する暇はないと論じた。

同誌一九〇〇年七月号には、『六合雑誌』から「天理教経典の編著」と題する記事が転載されており、そこでは、天理教が経典編纂のため、「宗教法案否決運動の主導者」であった岡本柳之助《おかもとりゅうのすけ》を雇い入れたと伝えられている。

岡本は元陸軍軍人で、朝鮮問題に関与した大陸浪人として知られ、宗教法案問題への具体的な関与の経緯は定かでないが、一八九九年一一月に刊行した自著『政教中正論《せいきょうちゅうせいろん》』（村上書店）において、国家と宗教の関係について論じており、そのなかで、政教関係を夫婦関係に例えて、宗教を「平和の母」と呼び、女性（宗教）が男性（国家）に対して優位に立ってきたヨーロッパに対して、日本では国家が寺院・僧侶を保護すると同時に制裁を加えながら、適度な自治権を与えてきたと述べている。

「仏教」は皇室を奉戴して国家を愛護してきたが、これこそが「善美」なる日本の政教関係史だとする岡本は、国家が「軽忽粗略《けいこつそりゃく》」な宗教法案を定め、「瓦礫《がれき》」をもって「金玉《きんぎょく》」に換えようとしたと難じて、痛嘆するほかないと論じた。文意は明瞭でないが、岡本は仏教を「宗教」と呼んでおり、その仏教をキリスト教と同一に扱う法案が不満だったのであろう。「瓦礫」はキリスト教、「金玉」は仏教のことを指していると思われ、岡本は仏教を「公認」しつつ、「信教自由」を実現する制度こそが、日本固有の「良制」であり、円滑な政教関係を構築しうると述べている。

宗教法案反対運動は、こうした、やや特殊な歴史観にも支えられていた。

教派神道の動向

神社神道とは異なり、宗教法案の対象となる教派神道は、どのように法案を受け止めていたのだろうか。

出雲大社大宮司や神道大社派《しんとうたいしゃは》の初代管長を務めた貴族院議員の千家《せんげ》尊福《たかとみ》（男爵）は、『禅宗』一九〇〇年四月号に寄せた「千家尊福男の宗教法談」において、政府は宗教法案否決後も、宗教法を成立させることが宗教者に安心を与え、「国家の治安上」も必要だと考えているが、単一の宗教法で習慣や教義を異にする各宗教を「支配」するのは無理があるとして、共通事項を定めた宗教法に加えて、神道法、仏教法、耶蘇教法《やそきょうほう》といった特別法を作るべきだと述べている。

千家は、特別法を作るとはいえ、各宗教の待遇に差をつけるわけではなく、対外関係を考慮しても、キリスト教を冷遇することは不可能だと覚悟すべきだという。その上で、「真正なる信仰」を有する宗教家は、法律問題に左右されるべきではないとして、法律に宗教家が熱を上げるのは信仰が欠けているか従来の習慣によるか、そのいずれかで、結果として国家の為政者が宗教を制限する口実を与えてしまうと苦言を呈している。神道国教化論も国家のために「迷惑」な問題だとコメントしており、自分は「個人」として「頗る苦しき位置」に立たされていると告白した。

神祇官復興運動の推進役として期待されながらも、そうした政治的活動は結局政府の干渉を招くだけだという信念を抱いているだけに、身動きの取れないジレンマを抱えていたのであろう。千家自身は貴族院での宗教法案審議でも、前年の一二月一四日に、法案提出理由を述べた山県のあと演壇に立ち、教派神道の堂宇や分院、教会所に鎮祭されている主神について、一度質問をしているに過ぎない。形式上は宗教界を代表すべきではあったが、やはり宗教問題を政治的・法律的には扱いたくなかったものと思われる。

『祖国』一八九九年一二月号の時評「宗教法案に対する神道教会」によると、政府側としても、起草段階からその動向を注視していたのは仏教各宗で、神道教会側には一回も交渉しておらず、内務省の眼中には「神道教会無きを知る」状況だという。問題になりそうな条文が少なかったことに加え、神道教会側も沈黙して傍観しており、同誌はそうした姿勢を「無知無能知るへき耳、有れとも無きが如し」と冷笑している。

教派神道側は修正通過を望んでおり、その姿勢は千家の行動を制約して、千家自身も当初は修正に同意していたが、その後反対に転じたあと、最終的には法案に賛成票を投じている。

5 新聞各紙の論調

『東京日日新聞』と『大阪毎日新聞』

宗教法案をめぐる主要新聞各紙の論評にも触れておこう。

政府系とされていた『東京日日新聞』は一八九九年一二月一六日付附録に「宗教法案と各宗派の意向」と題する記事を掲載し、宗教法案に対処する仏教各派委員会では、東本願寺が主導して一四日、宗教法案に反対すること、「宗教統治」を保持すること、本末関係を明らかにすること、仏教とキリスト教との取り扱いを分けること、「宗派自治の制」を導入すること、宗派を法人とすること、管長・教師の待遇法を定めること、国家は仏教に対し「特別保護」を与えること、国家は「新宗派」に対し制限を加えることを決議したと伝えている。

これについて同紙は「我田引水の妄説」と批判し、仏教側はキリスト教を排除して仏教のみが「優遇」を受けようとする「野望」を抱いているため、どんな「公平なる法律」も眼中にないと批判し、西本願寺が法案について、「宗教的自治」が認められており、キリスト教と同等に扱われることも異義を差し挟むべきでないなどとして同委員会に提携謝絶を申し入れたと伝えている。

翌日付の同紙に掲載された「一昨以来の仏教各派——西本願寺提携謝絶後の形勢」は、西本願寺の提携謝絶に「頑冥派」も動揺し、真言宗の提案で、キリスト教と同等の取り扱いを避けること、との条項を削除することに決し、西本願寺は貴衆両院議員の「有志者」を招待して法主が懇話し、東京府下の末寺に本山の意向を伝えたと報じた。

同紙の大阪版である『大阪毎日新聞』は一八九九年一二月一三日から一五日にかけて社説「宗教法案」を連載し、憲法二八条と日英通商航海条約を踏まえて、「信教の自由」が確保された以上、政府は宗教の異同を問わず、「国家の治安」を害さない限りはその「自由」を認め、「或る一派」が主張するようにキリスト教のみを排除すべきではないと述べ、法案には多少の異議があるものの、基本的に「吾輩の論旨」に沿っていると評価した。

法案が寺院・教会に与える租税免除などの特典について解説した上で、同紙は、宗派・教派・

寺院・教会が法令違反や目的外の事業をした場合や認可・許可の条件に違反した際などに主務官庁が認可・許可を取り消せるとした第一五条について、「行政処分の範囲」が広すぎ、主務官庁の「手心」に依るところが大きすぎると指摘したが、法案は大体において是認すべきであり、修正の上で成立すべきだと主張している。

法案否決を受けた同紙は二月一八日付の紙面で貴族院での議事経過を詳細に伝えているが、傍聴席には僧侶が多く、否決された際には傍聴席から拍手喝采が起こったという。『東京日日新聞』も同日付で貴族院での議事を報じ、「選挙法改正案と宗教法案」と題する記事では、法案否決を「今期議会の一恨事」と評して、「国法」上の「特権」は仏教のみに認められるべきではなく、当局は「本案の精神」を維持し、各宗教を公平に扱って政教関係を乱す「徒輩」に対峙するよう求めている。

『時事新報』と『日本』

福沢諭吉が創刊した『時事新報』は一八九九年一二月一五日付社説「宗教法案」において、法案が各宗教を平等に扱って法人格を与え、寺院・教会の免税を定め、また教師の徴兵猶予といった特権が付与される点を「無難」と評価しつつ、法案のように「細目《さいもく》」を法律として規定すべきか疑問を呈している。

宗教上のことは宗派内で処置し、法律上の紛議が発生した場合は裁判所が裁決すべきであって、宗教委員会を設ける必要はなく、起草者は「宗教の事情」を理解せずに「無用の新案」を作ったと同紙は批判した。さらに同紙は、宗教の「存亡興廃《そんぼうこうはい》」は「自由」に任せ、治安を害し風俗を紊乱する場合に限って「相応の制裁」を加え、「政府の保護干渉」は「一切解除」すべきだとの立場をとり、宗教については法案で細目を定めず、すべて「自治自営」に一任すべきだと主張している。

否決を受けた翌年二月一八日付の紙面では、議事経過を詳細に伝えつつ、やはり傍聴席に数十名の僧侶がいたことに注目しているが、翌日付の「政界漫評」は、宗教法案の否決は「当然の運命」で怪しむに足りず、こんな「杜撰《ずさん》」極まる法案はそもそも否決すべきだったと論評している。

陸羯南が社長兼主筆を務める『日本』は一八九九年一二月一四日付雑報欄に「宗教法案の解」と題する解説記事を掲載しているが、冒頭で今回の法案ほど解しがたいものはなく、政府が「フニヤフニヤの間」に通過させようとするのは「不適切千万」だと指摘した上で、宗教法の適用を受けない非公認宗教団体が生まれる点を中心に批判を加え、総則に限っても理解に苦しむ点が多く、修正を望む声が多いだろうと述べている。

同紙は一二月一六日に社説「宗教法案」を掲げ、国家と宗教との関係は、宗教の「外部」に現れた行為に関するものに止まるとした上で、法案は、宗教団体の「外形」に対して、政府の監督がどの程度であるべきかが第一に吟味されるべきだとする。解説記事を踏まえて、監督の結果として宗教団体に公認・非公認の別が生まれ、その警察上の取締方法も不明瞭であると指摘し、「干渉」を受けない非公認宗教団体をどう取り締まるかがわからないとして、修正を要すると論じた。

同紙の法案に対するスタンスは当初から冷淡であり、否決された際も、翌年二月一八日の紙面で議事を淡々と報じるに止まっているが、否決について伝える「粉砕せらる、こと、なれり」の一文の活字を一際大きくし、これを喜ぶ拍手が議場を揺り動かした点を特筆したあたりに、法案への否定的評価が現れている。

6　貴族院での審議過程

否決までの経緯

総合雑誌や学術誌、宗教誌、新聞などで展開された宗教法案論議には、仏教公認教運動に対する批判的な声が目立ち、法案で示された各宗教を平等に扱う「一視同仁主義」を評価する向きが目立った。教師の政治活動禁止規定をはじめとする規制面については、これを「行政権」の「職権」の範囲内とする意見と、過剰な干渉であるといった批判とに評価が分かれたが、それらの修正を求めつつ、「一視同仁主義《いっしどうじんしゅぎ》」への賛同を踏まえて法案の通過を期待する論調が大勢であった。

こうした声がありながらも、貴族院では僅差で、法案は否決された。『太陽』一九〇〇年三月号に掲載された記事「宗教法案の成行」には、貴族院での審議過程が記されている。「むづかしき法案」であるため特別委員会の議に付された同案は、修正を経て本会議での議論に移り、加藤《かとう》弘之《ひろゆき》、馬屋原彰《うまやばらあきら》、谷干城《たにかんじょう》らから質問があったが、政府委員の斯波淳六郎《しばじゅんろくろう》の答弁は「要領を得ず」、松岡康毅《まつおかやすたけ》が「助太刀」したものの功を奏さなかったという。

村田保《むらたたもつ》が法案の審議延期を提案したが容れられず、曾我祐準《そがすけのり》が「大気焔」を吐き、これに対して穂積八束《ほづみやつか》が賛成論を唱え、都筑馨六《つづきけいろく》が否定論、松岡が維持論を主張した上で採決をとったところ、賛成一〇〇票に対し反対一二一票で、否決された。

これを踏まえて、貴族院での審議経過を見ておこう。特別委員会では寺院・教会・教派・宗派以外の「宗教上の結社」を結成する場合、主務官庁の許可を必要とし、法人でない寺院・教会の設立・規則変更を主務官庁の認可制とするなど、規制色を強める修正が加えられた。

この修正案の提出を受けた一九〇〇年二月一七日、貴族院本会議で加藤弘之（勅選議員／元帝国大学総長）は、教師は日本臣民に限るが、特に認可を受けた者はこの限りではないという条文について、ニコライ堂などを例に挙げ、「名目」は日本人になっているが、実態は外国人ばかりで日本人が「主」となっていない場合はどう対応するのか、などと質問した。

馬屋原彰（勅選議員／元行政裁判所評定官）は修正案の「宗教上の結社」について、信徒が結社を組織する場合も管長を経て手続きすることになるが、あくまで「宗教の信徒」としての結社であって「管長の信徒」ではないため、管長と信徒との間で齟齬が生じるのではないかと質問している。

谷干城（子爵議員／元農商務大臣）は、例えばニコライ堂が租税の免除を受けず、徴兵猶予の特典も受けず、ただ自由に「人民」を「教化」しようとする場合はどう対応するのか、などと問うた。

内務省社寺局長で政府委員の斯波は加藤に対し、外国人でも日本人でも教会堂を建てる場合は同一の規定に拠ると応じたが、加藤は納得せず、斯波も具体的な事例については「各個の事柄」を調査して対応する、と答えるに止まっている。馬屋原の質問について松岡康毅（勅選議員／元大審院判事）が、管長は「教務」も「庶務」も処理するのだから、手続きが管長を経るのは当然でないかと述べたが、馬屋原は、信徒は別に何派に属する必要もないではないかと論じ、松岡は結社する以上は管長を通すほかないと応じて、押し問答が続いた。

谷に対して斯波は、認可を受けなければ教師ではないと答えたが、谷から教師と認められなくても布教の実態がある場合はどうするのかと問われると、斯波は「悪るい」宣布を取り消せる条文があると応じ、谷は「格別悪るい」訳でなければ許可を受ける必要はないでないかと追及している。いずれも、斯波の歯切れは悪く、法案の運用に不安を感じさせる答弁となっている。

こうした質疑を踏まえて演壇に立ったのが、曾我祐準（子爵議員／元参謀本部次長）であった。曾我は、法案の主意が「甚だ明瞭を欠いて居る」上に、「政府が非常に自信を欠いて居る」と指摘し、政府がなぜ法案成立を急ぐのかを問い、租税の免除に強く反対した。

その上で曾我は、政府側は谷の質問にも答えられておらず、教師について曖昧で説明出来ない以上、条文の運用はできず、実行できないことを無理に進めれば様々な弊害が生まれるとして、そうした法律を作るのは政府・議会、お互いの「罪」であると論じた。急がずに時間をかけ、政府の主張や輿論の動向などを踏まえて、「相当の法律」を作るのが「国家の為」ではないかと曾我は提案する。

これに対して穂積八束（勅選議員／東京帝国大学法科大学長）は、本議会でなるべく早く法案を成立させる必要がある、それは、憲法二八条で「信教の自由」が認められたものの、これは「憲法上の宣言」に止まり、我々が拠って立つ、自由を保障するための「憲法施行の法律」がないためだと反論した。

この法律がなければ、政府が「信教の自由を妨げるようなこと」をするかもしれず、「信教の自由を担保する」ための「堤防」として、宗教法を成立させなければ「不安心」であり、外国に対しても、条約で「法律勅令規則」の規定に依って「信教の自由」を有すると定めており、その意味でも宗教法は必要だと力説した。

続いて都筑馨六（勅選議員／元外務次官）が、修正案には欠点や不明瞭な点が多過ぎるとして反対を表明し、松岡は仏教徒が「紊乱《びんらん》」する懸念などを示して成立を促した。谷は「採るに足らぬ」などとヤジを飛ばし、松岡の発言途中で終局動議が提出されて可決され、法案採決に移って、否決される。

宗教法案論議の意義と課題

貴族院の議場で展開された議論は、主として宗教法案の具体的な運用に関わることであり、その条文と解釈が曖昧であることが、運用の実行可能性に疑義を生み、法案は否決されるにいたったわけである。

松岡は終局動議提出の直前、「各宗管長の総代」なる者から連名で書面が届き、キリスト教の布教を防止するよう要請があったが、公認教運動は「俗僧等」に騙されたもので、信徒は気の毒だと喝破し、どの管長も法案への発言権はないと述べていた。否決は公認教運動の成果ではなかったが、結果として仏教側（特に大谷派）の期待に応える形になったのは事実である。このため多くの論者が、これを「甘味」に、仏教側が宗教法案を攻撃し続けるのではないかと案じることになった。

穂積が言うように、憲法二八条を具体化して「信教の自由」を保障し、政府による自由侵害を防ぐ「堤防」としての法律は必要であったし、その際に行政機関がどこまで「干渉」し得るのか、といった論点は、言論空間で議論されたものの、議場は細かな法文解釈に偏し、言論空間は仏教公認教運動批判に偏したことで、その議論が十分煮詰まる前に、終局動議をもって審議は突然終わってしまった。

山県首相の法案趣旨説明に続いて千家尊福が質問に立っているように、貴族院には宗教関係者や行政専門家が多く、その法案をその先議としたのは、彼らの意見をまず徴するべきだという業界的・専門的な要請に依るものと思われる。以後もこの慣例は踏襲されていくが、「信教の自由」を保障する上で、行政機関はどこまで宗教に「干渉」し得るのか、その本格的な検討については、第二次宗教法案における論議を俟《ま》たなければならない。

第三章

政府の監督権をどこまで認めるか――第二次宗教法案と知識人・宗教者たち

1　第二次宗教法案の作成と特徴

法案提出の経緯

第一次宗教法案の否決後、内務省社寺局が宗教局と神社局に分けられた上で、宗教局が文部省に移管され、文部省では宗教法案についての調査を続けた。欧米をはじめとする諸外国の宗教制度について調べていたようである。

その上で、一九二四年（大正一三年）に岡田良平《おかだりょうへい》が加藤高明《かとうたかあき》内閣の文部大臣に就任すると、岡田自身、宗教法が未整備であることを問題視していたこともあり、文部省宗教局長の下村寿一《しもむらじゅいち》に宗教法案を起草するよう指示し、一九二六年に平沼騏一郎《ひらぬまきいちろう》を会長とする宗教制度調査会を設置、有識者を集めて文部省案を諮問して、翌年に第一次若槻内閣によって法案が貴族院に提出されるに至った。

下村が一九二六年に仏教連合会で行った講演が、同年に『宗教法案に就て』と題して同会から刊行されているが、そこで下村は法案の意図について、法の規定が不備であるために監督・保護が不明確になっていること、新法案では神道、仏教、キリスト教に限って指定するわけでなく、新宗教も指定対象とするが、それは「国民精神は絶えず攪乱《かくらん》される」ことを避けるためであること、指定は許可や認可と異なって「国家の必要」に応じて適当な処置をするためであること、などと説明し、連合会でも法案を研究した上で不明な点があれば質問してほしい、それには「充分」な回答をすると結んでいる。

講演録は長文にわたって法案を解説したもので、第一次宗教法案に仏教側が激しく反対したことを念頭に、下村が法案提出前に出向き、丁寧に説明したのであろう。

ここで下村は、名指しはしていないものの、一九二一年に発生した第一次大本《おおもと》事件（出口《で ぐち》王仁《お に》三郎《さぶろう》らが不敬罪などの疑いで検挙された）が念頭にあり、第二次宗教法案には、大本教のような新宗教を取り締まる意図があったとされる。

一九二七年（昭和二年）一月二九日に貴族院本会議で岡田は第二次宗教法案の趣旨説明に立ち、宗教は「人心の至奥の信仰」に関するもので、「社会風教」に甚大な影響を与えるため、その健全な発達による人心の「安心立命」を促進する必要があるが、日本では宗教に関する統一的な法規が存在しないために不便が多く、国家と宗教、宗教団体との関係、宗教団体の権利・義務に関する明確な規定を設ける必要がある、と述べた。宗教団体に「相当の保護」を与えて「教化活動」を後押しすることは、「監督」とともに緊要な事項であり、「保護」の観点から寺院境内地の譲与についても規定を設けたという。

新宗教にも宗教法を適用して保護・監督を加えるが、憲法の定める「信教の自由」の範囲内で規定を設けたに過ぎず、自由を制限したわけではないと岡田は強調している。

法案の内容と特徴

こうして提出された第二次宗教法案の主な規定として、文部大臣が宗教審議会に諮問した上で指定した宗教に適用されること、宗教団体を教派・宗派・教団・寺院・教会とし、教派・宗派・教団の所管は文部大臣、寺院・教会の所管は地方長官とするのが原則であること、監督官庁は監督上必要な場合に報告を徴し、実況を検査、その他必要な処分をすることができること、宗教団体間に紛議が発生した場合は文部大臣に必要な処分を求めることができること、宗教教師に中学校または高等女学校卒業といった資格規定を設けたこと、寺院の設立・寺院規則の変更・合併・解散には文部大臣の許可を必要とし、重要財産の処分には地方長官の許可が必要とされること、などがあり、罰則として過料・刑罰（懲役・禁錮・罰金）が課されるとされたほか、宗教教義の宣布・儀式が安寧秩序を妨げ、風俗を乱し、臣民たる義務に背く恐れがある場合、監督官庁が制限・禁止できるといった規定も設けられた。

法案に対しては、規制が細密かつ多岐にわたり、統制が強すぎるといった批判が宗教界などから起こり、特に文部大臣による指定制や宗教教師資格の設定、地方長官による宗教結社の許可、管長・教団管理者の人事を文部大臣の認可事項としたことなどが問題視され、第一次宗教法案に比して、キリスト教界からの反発が大きかったとされる。

法案は貴族院で審議未了、廃案となった。

2 知識人の反応

吉野作造の批判

大正デモクラシーの旗手として知られる吉野《よしの》作造《さくぞう》は当時、東京帝国大学法学部教授を辞して同大学講師を勤めながら、明治文化研究や時事評論などに取り組んでいた。

吉野は一九二六年に刊行した『主張と閑談《かんだん》』第五輯（問題と解決）（生活文化研究会）において、「宗教政策上の根本原則」と題する項を設け、文明国の宗教政策は「信仰自由」を根本原則とし、大日本帝国憲法も同様の原則をとっていると述べている。

その原則の意味は第一に、あらゆる宗教が原則として、布教・宣伝・信仰・礼拝において自由であり、国家は特定の宗教を強制してはならないことにあると吉野は指摘する。この点から吉野は、神社神道が宗教か否かが問題となるとし、政府は神社非宗教論を主張するが、ほかの宗教家は神社参拝から「宗教的分子」を一切除去するよう求めており、これは「将来における大問題」

となると論じた。

原則の第二の意味は、すべての宗教は法令に違反しない限り保護され、宗教による区別があってはならない点にあると吉野は述べた。この点から吉野は、宗教法案が「宗教指定の制度」を採用したことについて、「飛んでもない間違い」だと批判し、指定するか否かは別途「法律」に依るべきで、指定した以上は「一様」「均一」に保護を加えるべきだとした上で、保護は宗教を発達させようとするような「積極的」なものとすべきではなく、その意味で宗教法案は「無用煩瑣の干渉規定」を設けていると難じた。

原則の第三の意味として、吉野は宗教の私的性質を徹底することを挙げ、公認保護政策や指導政策によって宗教を国家のために利用しようとする思想を警戒し、神社神道はこの方策のもとにあると批判した。吉野は、宗教法案もまた「指導政策」であることは疑いを容れず、一から十まで教え導き、干渉・監督し、宗教団体が政府の欲するように出来上がるよう仕組まれていると攻撃する。

世界にこれほどまで用意周到な「宗教を馬鹿にした」方策はなく、国家主義の弊害が現れており、宗教まで「国家の御用」を努めさせようとするのは「盲目的な国家主義の中毒」による、と吉野の筆致は手厳しい。

『中央公論』一九二七年二月号に掲載された「基督教徒の宗教法案反対運動」でも吉野は、文部省は一体なぜ血迷って、こんな「ベラ棒な法律」を作る気になったのだろうと疑問を呈し、『主張と閑談』の内容を引用した上で、自分は宗教に対する各種法規が無用有害であると信じ、特に宗教法案が「指導政策」を基調とする点に「根本的の不満」を抱いているとして、政府に対しては法案の撤回を、議会に対しては無条件否決を要求した。

キリスト教徒側も法案を細密に検討した上で、「教界の実状」に適合しない条項を発見したようだが、どんなに彼らの意向を取り入れて改正を加えたとしても、宗教法案が「結構な法律」に変わることはなく、それは法律によって「信仰の内容」に立ち入ろうとする「根本的過誤」を犯しているためだと吉野は主張する。宗教の生存競争は「自然に放任」した方がよく、政府にはこれを識別する能力がなく、仮にあったとしても、法律をもって指示すべきではないという。「文部省の役人には斯んなことの分るものは一人もないのであらうか」と吉野は嘆く。

吉野も、キリスト教の会堂や儀式用の什器、仏教の寺院・境内地や所有財産の管理についてはは国家の保護と監督が必要であることは認めているが、宗教法を作るのであれば、その内容をこの点に止めておいてほしいと求め、その「埒外」に出るものはすべて「僭越不当」だと難じた。

小野清一郎の理論的批評

吉野の同僚で、東京帝国大学法学部教授の刑法学者・小野清一郎《おのせいいちろう》は、『中央公論』一九二六年九月号に寄せた「宗教法案の法理的批評」で、法案について詳細な批評を加えている。

小野は西洋における政教関係史を踏まえた上で、現代の立憲国家における「一般的現象」は、「信教自由の原則」を認めて、国教を強制しない点にあると指摘し、国家・宗教関係には、「有力なる教会」に特別な保護・監督を加える公認教主義と、国家と教会、政治と宗教とを「徹底的に分離」しようとする政教分離主義とがあるとして、イギリス国教会などを前者、一九〇五年に定められたフランスの政教分離に関する法律などを後者に分類している。

その上で小野は、日本の政教関係史を概観し、現在では「信教の自由の原則」が憲法上の原則となって神道国教主義は過去のものとなったが、神社神道は公認教としての性質を有していると指摘し、教派神道との違いについて、読者の注意を喚起した。仏教や教派神道は原則として宗派の「自治」が認められ、管長が宗制や寺法に従って「行政」を執行しているが、キリスト教は保護も監督も受けず、より「自由」に活動しており、全体としては、神社祭祀を除いて、政教分離主義が徹底されていると評している。

これを踏まえて、小野は宗教法の原則として、「信教自由」の原則（個人的信仰の自由と宗教的集会・結社の自由からなる）、「宗教的平等」の原則（個人間の平等、教会・宗派の平等からなる）を挙げ、「最も困難なる問題」として、国家が教団に対していかなる程度の保護・監督をすべきかが問われているとして、政教分離主義を原則とするべきだが、「或る保護」と「相当の監督」は避けられないと述べた。

その点で小野が問題とするのが、神社の存在である。明治初年に神道国教化政策が崩壊して後、政府は神道非宗教論を採用し、神社が持つ特殊な地位を「蔽《おお》わん」としているが、神社祭祀が宗教行動であることは、政府が定めている祭祀の方法や祝詞の内容から全く疑う余地がなく、神道非宗教論は神道公認教主義と見られることを避けるための「擬制《ぎせい》」にほかならないと小野は指摘するが、国民全体は神社に対して「無意識的信仰」を抱いており、その点では神道公認主義を

「正当なる原則」と認めざるを得ないという。

続いて宗教法案の具体的検討を試みた小野は、小学校児童を神社に参拝させている「習慣」は、個人の信仰の自由を妨げているとして、宗教法案は父兄がその子弟について、参拝から「脱退」させる権利を保障すべきであり、法案が神社に関する規定を欠いているのは「重大なる欠点」だと指摘した。また、宗教的結社の自由について、法案の規定は「甚だしく不当」であり、結社を地方長官の許可制としたことで新しい宗教を起こすことが困難になり、既成宗教以外に「新義」を唱える者にも不利となると批判している。

宗教的平等については、個人の平等は保障されているものの、教会・宗派の平等に関して、法案は「頗る機械的」な平等を志向しているとして、神社を他宗教とは平等に扱わない以上、これを公認教として規定すべきだと指摘した。法案が仏教、教派神道、キリスト教に対して「並行的な法規」になっていることは「正当」であり、既成宗教を「指定」して保護・監督を加える点についてもやむを得ないが、その保護・監督の内容については疑問とせざるを得ないと小野は強調する。

保護の面では地租や所得税の免除などが規定されているが、監督面は厳重に過ぎ、保護と監督のバランスを欠いているとして小野は、特に「絶対的に不当」な規定として、文部大臣が宗教団体・結社の成規・秩序を維持するために「必要なる処分」ができると定めた条文を挙げる。政教分離主義の原則は、国家は宗教に対して「警察的取締」をなすに止まり、教会内部の事項はその自治に任せて干渉すべきでないが、この規定はこれに反した「乱暴なる干渉主義」であり、宗教の本質的価値に対する「冒瀆」であると小野は指弾する。

管長人事を文部大臣の認可制としたことも「無用なる干渉」であり、「行政」が宗教団体を支配するものにほかならず、寺院財産の処分や境内建物の新築、改築、大修繕を地方長官の許可制としている点も「実に苛酷」であると小野は指摘し、宗教法案は原則的に「疑問」とすべき点が多く、立法技術的にも再考の余地が少ないため、成立を急がずに充分な研究・考慮を重ねてほしいと結んでいる。

小野の論点は基本的に吉野と同様であり、吉野の議論をより精緻化、理論化させ、特に行政機関による厳しい監督規定を具体的に批判し、神社神道のあり方について問題提起した点に特徴があった。

民法学者からの批判

小野の批判などを踏まえて、民法学の立場から宗教法案に批評を加えたのが、やはり東京帝国大学法学部教授の穂積重遠《ほづみしげとお》である。

穂積は『法学協会雑誌』一九二六年一〇月号に寄せた論説「宗教法案の民法問題」において、小野のこの論文を「根本的な評論」と位置付けた上で、民法学者としての法案批評を展開している。穂積の議論は多岐にわたるが、特に問題視したのが、法案第一二一条であった。同条は、寺院が譲与された国有財産を監督官庁の許可を受けずに「その目的外に使用したるとき」は、大蔵大臣が譲与を取り消しうると規定している。

寺院は江戸時代まで有していた寺領を、明治初年の上地処分によって国有とされ、それを国から無償で貸し付けられていた。法案では境内地として必要な部分を寺院に無償譲与するとともに、その他の部分は有償で払い下げ、あるいは貸し付けることにしていた。第一二一条は無償譲与の前提が崩れた場合の規定であり、その意味で取り消しは当然のこととして盛り込まれたものだが、穂積は「その目的外に使用したるとき」という文言が曖昧だと批判する。

これを広く解釈すれば、少しでも寺院境内地らしからぬ使用をした場合は取り消すことになり、「苛酷」であって「濫用《らんよう》の虞《おそれ》」があると穂積は指摘し、取り消しによる土地の取り扱い手続きも根拠不明確で、その結果も要領を得ないという。

穂積はこの点から、第一二一条の削除を提案しているが、こうした行政機関の解釈裁量権の広い規定は、宗教法案の強い行政監督色を象徴するものとなった。

『法学協会雑誌』の同年八月号では、民法学者で東京帝国大学法学部教授の我妻栄《わがつまさかえ》が「判例に現われたる寺院の財産關係と宗教法案」と題する論文を発表しており、穂積はこれも「有力な研究」と評していた。

この論文で寺院の財産関係を扱った我妻は、民法上、法人は定款・寄附行為の定めた目的の範囲内で権利を有し、義務を負うと規定しており、宗教法案も同一の原則に支配されていると解説した上で、寺院の権利能力の範囲は仏教教義の宣布・儀式の執行という「目的の範囲内」、および「公益事業を営む範囲内」にあるとする。また、その権利運用のためには寺院財産の運用を必要とするが、その際に寺院の目的を「厳に解し」、財産の利用を寺院目的ではないとすることは、寺院の存続を不可能にすると指摘した。

我妻は、寺院の不当行為の規制は別の取締規則に譲り、その権利能力について制限的に解釈することなく、宗教法案成立後は、この点を慎重に考慮した上で運用するよう求めている。

こうした慎重な法解釈への期待を踏まえて、穂積は行政機関による裁量の範囲を狭めるよう、法案の修正を求めたのである。

田中耕太郎の自治論

同じく東京帝国大学法学部教授の商法学者・田中耕太郎《たなかこうたろう》も、一九二七年に刊行した『法と宗教と社会生活』（改造社）で宗教法案問題を扱っている。

田中は、宗教法案が通過した場合を仮定して、次のように論じた。まず、神社問題である。神社を宗教の外に超然としたものとみなすことは「一般国民の精神生活」の上で好ましくなく、「神社の生命」にとっても採用すべきでないため、神社非宗教論を撤回して神社を公認宗教と認め、その歴史的社会的個性から、「相当なる取扱い」をすればよい。ただし、神社を「国教」とするのはほかの「宗教」にとっても「神社」にとっても望ましくなく、これを国民教育と結びつけるのも考えものであると田中は言う。

田中は、日本において歴史的社会的基礎を有する仏教と神道を他宗教と区別して特典を与え、監督を厳しくした法案を「止むを得ぬこと」と是認しつつ、キリスト教の取り扱いに関しては、その「社会的重要性」を顧慮しておらず、「不公正」だと述べる。

法案が文部大臣に、宗教団体・結社の成規・秩序を維持するために必要な処置をなせるとした規定は、どうか。田中はこれを「不当な教会の自治の侵害」だと批判し、管長の人事に文部大臣の認可を必要とした規定にも、「行政上の手心」が「宗教に対する不当なる干渉」をなしかねないとして異議を唱えて、国家の宗教に対する監督は、あくまで「社会的世俗的方面」「警察的治安的の方面」に限るべきだと論じた。

宗教政策は「吉野博士も主張せられている如く」、すべての宗教について原則として布教・宣伝・信仰・礼拝を自由とし、国教は設けず、警察的法規に抵触しない限り、一様に保護しなければならないと田中は主張する。その意味で、法案が文部大臣による宗教指定制度を採っていることも、「甚だ不当」であった。田中は、国家に宗教を指定する資格と能力があるか自体が疑問であり、それが濫用されるに至っては寒心に堪えないとして、「積極的の保護」を抑制し、「消極的保護」に徹しなければならないと説いた。

政府の監督権限に対する批判と宗教の自治・自由の主張、神道非宗教論批判は、東大法学部教授陣の共通認識となっており、それらが重層的に構築された上で、法案批判が展開された。

水野錬太郎の監督権限批判

行政機関の監督権限について、さらに厳しく追及したのが、貴族院議員（勅選）で元内務大臣の水野《みずの》錬太郎《れんたろう》である。水野は貴族院宗教法案特別委員会で委員を務めることになるが、議会外でも法案について積極的に発言した。

『朝鮮及満洲《ちょうせんおよびまんしゅう》』一九二七年三月号に掲載された「宗教法案は憲法に違反する」で水野は、貴族院で審議中の宗教法案には多くの「遺憾なる点」を見出さざるを得ないとして、第一に、単一の宗教法で多種多様な宗教を「統制」することは宗教の発達を阻害し、その本来の働きを阻止しかねない点、第二に、そもそも統一的な法規が必要な理由はなく、断片的・単行的な法令でも運用に支障がなければ問題ない点、第三に、今回の宗教法案は否決された第一次宗教法案と実質的に同一のもので、否決以来「宗教行政」上の支障がない以上、新たな宗教法は必要ない点、第四に、宗教法案は憲法二八条の定める「信教の自由」の趣旨に抵触する憲法違反の法案である点を挙げた。

特に第四の点に関して水野は、法案が、神道・仏教に属する宗教は教派や宗派を組織するために文部大臣の許可を受けなければならないと規定した点について、憲法の規定に反し、信教の自由を制限するものだとして、他にも同様の規定が見られると批判している。

商事会社を設立するにあたっては、何ら官庁の干渉や許可を受ける必要がなく、言論集会も自由が認められていて、新聞雑誌の発行も届け出で済むのに対し、治安や風俗を乱さない限り「絶対に自由を保証」されている宗教に関して、著しく自由が束縛されていると水野は指摘する。

教派・宗派の設立にあたっては、教規・宗制を添えて許可を願い出る必要があるが、これでは行政官庁の権限が大きすぎ、「官吏」が「信教」に対して「絶対の権限」を有することになり、憲法の精神に背くと水野は難じ、法律や経済についての知識しかない「行政官」が「宗教の実状」を判定しようとするのは、明らかに監督の範囲を逸脱し、国民に与えられた「信教自由の権限を簒奪」するものだ、と水野の批判は手厳しい。

以上により、水野は宗教法案を「有害無益」とし、賛成しないと明言した。東大教授のみならず、内務省で神社局長や大臣まで歴任した行政実務の専門家からもこうした批判が公にされたことは、政府にとってかなりの痛手である。

統制と神社非宗教論への警戒

クリスチャンの哲学者で早稲田大学の教授を務めていた帆足理一郎《ほあしりいちろう》は、『我観《がかん》』一九二六年七月号に「宗教法案に就て」との論考を寄せ、やはり政府の権限に強い警戒心を示した。

帆足は、法案では「邪教淫祠《じゃきょういんし》」の規制や「社寺財産」の設定が「目的外」となっていることを疑問視し、法案の「漠然たる法文」では「邪教淫祠」を取り締まれず、他方で、監督官庁が職権を「濫用」して「善良なる宗教」に圧迫を加えうると指摘する。

法律によって「法律以上の権威」を持つ宗教を取り締まれるのは、宗教の名の下で行われる「不道徳非社会的」な悪習を矯正する場合に限られると考える帆足にとって、法案は監督官庁に過剰な干渉を許すものであった。

また帆足は、殺人行為を絶対的な「罪悪」とし、軍備を「悪魔視」するキリスト教徒を、徴兵制度に固執する「官憲」が「臣民たるの義務」に背くと認めるようなことは、「教派を迫害する」ことになると懸念し、法案は「保守的な当局」に「進歩的な宗教」を圧迫する口実を与えるに過ぎないと批判した。

帆足は「根本的な問題」として、政府が「神社」と「宗教」を法律上区別していることを挙げ、神社を「皇祖《こうそ》皇宗《こうそう》」や「国家の元勲」を奉斎する場として「宗教でない」とする解釈に疑義を呈し、民衆は神社を「宗教的目的」のために使用しており、宗教とは区別できないと主張する。「現代世界」の宗教は、「多神的」な「社寺」から「一神的」な「教会的宗教」に移行する傾向にあるとする帆足は、神道や仏教も「一神的崇拝」を目指すことで、世界の諸宗教を「統一」して人類の協調を実現することを唱え、その点からも、神社と宗教に区別をつけるべきではないと論じた。

宗教教師資格をめぐって

法案の宗教教師資格について疑義を呈したのが、日本弁護士協会の機関誌『法曹公論』一九二七年四月号に「宗教法案に就て」との論考を寄せた峯川辰五郎《みねかわたつごろう》である。

峯川は、宗教の「根本義」は、信仰に入り自得自習することと、教化善導することにあるが、宗教法案は布教宣伝を宗教教師の専業とし、信者は自得自習するもののみと解釈されるとして、これでは「職業的宗教家」を助長させ、「非職業的宗教家」を排斥することになるのではないかと問うている。

宗教教師に学歴規定を設けた点についても峯川は、宗教は「学問」ではなく「実践」であり、「体得」、「信念」であるとして、「学問才能」を必要としてはならないと批判した。法案では「禁治産者《きんちさんしゃ》」および「準禁治産者」は教師資格を喪失するとしており、両者は「心神喪失者」、「心神《しんしん》耗弱者《こうじゃくしゃ》」、「聾者《ろうしゃ》」、「唖者《あしゃ》」、「盲者《もうしゃ》」、「浪費者」のうちから宣告されるが、こうした人々を無資格者とする理由は見当らない。宗教が「信念」であり「信仰」である以上、「生存競争の敗北者」であっても、これを救済するのがその役割であり、「悲哀苦痛」を知る者こそ、「宗教の真意義」を解するのではないか。

峯川はこうした点から宗教教師規定を批判した上で、単立教会の設置をキリスト教などに限った法案第九〇条について、宗教の発展のためにはまず「職業宗教家」の観念を打破する必要があると指摘し、仏教でも自由に単立教会を設置すべきだとの持論を述べ、法案の修正を主張している。

田中義能の神社参拝擁護論

小野は、神社神道を公認教として認めつつ、「信教の自由」の観点から、宗教法では神社参拝を拒否する権利を明文化すべきだと説いたが、これは、神社参拝を当然視する神道家や神道学者の主張を念頭に置いたものであった。

例えば、東京帝国大学文学部助教授で神道学者の田中義能《たなかよしとう》は『東亜の光』一九二六年八月号に寄せた「宗教法案批判——宗教法案と神社」で、宗教法案と関連する神社問題についての所見を開陳している。そこで田中は、神社を中心として国民精神を統一しようとするのが政府の方針であり、神社と皇室とは同一であるとした上で、神社と日本人とは「全く離るべからざるもの」で、神社中心、皇室中心であることが、国民において「重大な事実」であるとしている。

田中は、自分が崇敬しない神社に国費を払って維持するのは不都合だという議論を取り上げて、これを「実に利己主義の甚だしい議論」と断じ、国民の大多数が敬神崇祖を重視する以上、これを信じない少数者の存在は「問題にならない」とする。

東京でもクリスチャンの中学校生徒が神社参拝を拒否した事例があり、同様の問題が反覆されているが、田中はこれも「問題とするに足らない」として、日本の教育は教育勅語《きょういくちょくご》によって実施されており、勅語を国民に徹底させるには皇祖皇宗や祖先を尊敬させる必要があり、そのために学校で生徒を神社に引率して「最高の敬意」を表するのは当然であると主張する。

神社が宗教か否かについて田中は、現在多数の国民は神社を宗教とは切り離して考えており、自らを「最高の真理」として、他を異端・邪説・迷信と捉える「宗教」に対し、日本人は伊勢神宮を参拝しながら仏教の信徒でもあるように、神社には宗教的排他性が見られず、その点でも神社は宗教と性質を異にすると論じた。

田中は、神社は皇室と深く結びつき、国家的礼典の基調となり、「孝道」の源泉であり、愛国心養成の根底であり、国民を融和・一致させる、まさに「日本国民に一日も欠くべからざるもの」だと強調し、宗教法案は神社とは別個に成立すべきものだと結論した。西洋の政教関係史を踏まえて、政教分離と信教自由の原則から神社参拝問題を論じた小野と、純日本的な風土から神社参拝問題を論じる田中との間には、埋めがたい思想的距離があったと言わなければならない。

3　宗教界の反応

神社参拝をめぐって

田中のような神社参拝論は、当然ながらキリスト教徒の主張とは相容れないものであった。宗教法案をめぐる議論でも、この点が表面化した。

正教会の神学者・石川喜三郎《いしかわきさぶろう》は『正教時報』一九二六年一一月号に寄せた「宗教法案制定」のなかで、宗教法案自体には「多少の遺憾の点」がありつつも、まずもって「無難の出来」だと評した上で、法案で「未決」のまま積み残された課題として、「神社は宗教として取扱ふべきものや否やの問題」があると指摘している。

これまで幾度も起きてきた、キリスト教徒が神社や教育勅語の宸書《しんしょ》（天皇の署名）に参拝・敬礼しないといった「教育と宗教との衝突」問題の原因はここにあるとする石川は、神社について規定していない宗教法案が成立すれば、「神道者」がこれを楯《たて》にしてキリスト教徒の子弟に対し、神社は宗教の外に超然とした祭祀だとして、神社の崇敬・参拝を強いることになるのではないかと懸念を表明した。

石川は、冠婚葬祭などの神事を執行し、宗教と変わらない実態を有している以上、キリスト教徒が「宗教的神社」の参拝を拒絶するのは当然であるとした上で、宗教法では神社を宗教と見なさないことを明文化し、神社の宗教的行為を禁止する規定を設けなければならないと主張する。石川は、法律は「聖者」ではなく「罪人」のためのもので、「正義」を保護する「社会の権威」として機能すべきであり、善良な個人を取り締まる「宗教法」ではなく、悪質な団体を規制する「宗教団法」と呼称すれば、宗教の「権利利益保護」につながるのではないかと提言した。

キリスト教徒の法案反対論

石川は宗教法案に一定の評価を見せているが、キリスト教界全体としては、クリスチャンである吉野自身も指摘しているように、これに反対する声が大勢であった。

日本基督教青年会同盟の機関誌『開拓者』一九二七年二月号に掲載された記事「宗教法案に就いて」は、宗教法案が議会に提出されて以降、キリスト教界の「輿論は大体に於て反対論」に傾いており、日本基督教会宗教法反対実行委員会が『福音新報』に反対理由書を発表し、宗教法案反対同志会も反対理由書を全国の同志に送ったと伝えている。

この記事には会衆派《かいしゅうは》の牧師・綱島佳吉《つなしまかきち》、救世軍の山室軍平《やまむろぐんぺい》、クリスチャンで医師の高田《たかだ》畊安《こうあん》、長老派の牧師・今泉源吉《いまいずみげんきち》、同派の牧師・富永徳磨《とみながとくま》の意見が掲載されている。

まず綱島は、宗教法案は欠点だらけで、特典をありがたがってはいけない、法律を作ったのは宗教の門外漢で、そもそもこんな法律を作る必要はないと批判した。山室は、宗教教師の資格規定によって救世軍は「手も足も出ない」事態になること、管長の人事権を文部大臣が掌握することは、救世軍司令官の任命権を「大将」が有することと齟齬《そご》すること、教師に学歴を問うのは「愛の実行」にとって無意味であることから、法案成立によって救世軍の存続が危うくなると懸念を表明している。

高田も「伝道」を担う教師に学歴を求めることに疑問を呈し、今泉も法案提出は「福音」を妨げると述べ、富永は法案成立を急ぐ文部省にその理由を問い、一体どの宗教が国家の安危を脅かしているのかと追及して、法案自体も欠点だらけの杜撰なもので、文部省の役人はこんな法律を作って「学位」を得ようとしているのか、それは結果として立案者と国家の「汚名」を永久に残すことになる、と喝破した。

クリスチャンで衆議院議員の田川大吉郎《たがわだいきちろう》は一九三八年に刊行した『国家と宗教』（教文館）において、一九二七年二月二二日に東京基督教青年会館で信徒大会が開かれ、日本基督教連盟（プロテスタントの超教派団体）内で法案反対派、修正派の融合が図られたと回顧している。同連盟の常議員だった田川自身は後者に属し、同大会で、国家が「宗教団体」を取り締まる法規を作成する「権威」があると認めつつ、「宗教」そのものに関しては限定的な「権威」を有するに過ぎないと演説した。

田川は同連盟が発表した修正案を起草し、宗教指定制度や管長の人事認可制度を憲法が保障する自由を制限・拘束するものだと批判し、宗教教師資格も教団の自治に委ね、「信仰による自治権」を重んじて宗教団体に対する国家の干渉を「消極的」なものとするべく、文部大臣・地方長官の監督権、特に礼拝に立ち入る規定などについて、修正を求めている。

内村鑑三の違和感

『開拓者』一九二七年四月号に「宗教法案に就いて」と題する文章を寄せたのが、無教会派の指導者で、「教育と宗教の衝突」の嚆矢となる不敬事件の当事者となった内村鑑三《うちむらかんぞう》である。

内村は、宗教は「自存性」を有するため、いかなる勢力の「保護」を受けずとも自由に発達するとして、政治が宗教に干渉するのは「如何《いか》に愚かなる事である乎《か》」と宗教法案を批判した。政治家が宗教のためにできる「至上の善」は、これを「放任」することであり、宗教の「非倫不徳」を取り締まる必要はあるが、それは「普通の法律」に依るべきで、特別に宗教法を定める必要はないという。

政教分離が「文明的政治の原則」だとする内村は、宗教が政治に干渉する弊害が大きいのと同様、政治が宗教に干渉する弊害は大きく、このために西洋諸国では政教を分離しており、日本が二〇世紀になって新法を定めて宗教を取り締まろうとするのは、文明に対する「逆行」だと指摘する。憲法が自由を保障した宗教に対して、政治が制裁を加えようとするのは「時代錯誤」であり、文部省は直轄の学校においてすら、教師・生徒の思想の悪化を制止することができていないとする内村は、同省が教育より「困難」な宗教を支配下に置いて取り締まれるとは思えないという。

宗教法案を起草した人々は、果たして宗教の何たるかを理解しているのかと疑問を呈する内村は、これまで四〇年間伝道に従事してきたが、官僚や政治家のなかで「真に宗教を解した人」には滅多に出会ったことがなく、彼らは「神」「霊魂」「来世」などについて、まったくの「門外漢」であり、その官僚・政治家が編んだ宗教法案が宗教を取り締まれると考えられないとして、法案の撤回を要求した。

三月一八日、青山会館で第二回宗教法案反対講演会が開かれ、中野重治《なかのしげはる》の司会のもと、山室軍平が「救世軍と宗教法案」と題して演説し、続いて内村が「完全の自由」と題してこの文章を朗読、さらに富永徳磨ら五名が演説している。

『カトリック』の論評

『カトリック』一九二七年三月号は巻頭言に「宗教法案」を掲げ、宗教法案は現在、貴族院で厳しい論難攻撃を受けており、「宗教取締法」として、かろうじて通過するだろうと観測されていると伝えている。

第一次宗教法案は、仏教がキリスト教と同等に扱われ、「国教的特権」を享受できないことに反発し、結果として否決されたが、今日ではキリスト教徒、あるいはカトリック教徒を「非国民」「危険分子」扱いする者はいないだろう、と同誌は時代の変化を指摘する。

その上で同誌は、政府は神道や仏教などの「敗徳」を取り締まろうという動機から法案を作成したと述べ、宗教を法律によって取り締まるという発想自体がどうなのか、疑問を呈した。実際に法案が成立して「無理解な為政者」によって行使された場合、「信教の自由」を侵害することになるのではないかと議会でも懸念されているが、宗教は「官憲」の保護によって「国教的庇護」を得て得々とすべきではなく、国家・社会の「公安秩序」を重んじ、その範囲内で「絶対に自由」にされなければならないという。

さらに、政府は神道非宗教論をもって神道を「国教視」しようとし、宗教の定義をあいまいにしている点で、「吾人」は法案への期待を抱かないと同誌は記した。キリスト教自体が危険視される時代は去ろうとしていたが、行政機関による自由の侵害への不安は消えず、「国教」化を進める神社神道も懸念材料であった。

『信仰界』の二大論点

表紙に「生命の種・求道の友」をうたった浄土真宗の関連誌『信仰界』一九二六年一一月号の巻頭言「宗教法案の価値如何」も、「宗教法案の二大難関」として、「境内地譲与」に関する問題と「神社問題」とを挙げている。

神社は実際には「宗教的行為」をなしつつあるが、「信仰自由」が憲法で保障されている以上、これを国民一般の「礼敬《らいきよう》」対象とすることはできず、政府は「神社は宗教にあらず」と弁明して神社を「超宗教的地位」に祭り上げ、社会一般に神社参拝を要求しているが、これは見苦しい政治家の弥縫《びほう》手段と言わなければならず、本質的な問題解決にはならないと同誌は説く。

明治維新以来、「吾々真宗教徒」は神社問題に苦しんできたが、宗教法の制定にあたり、まず神社の本質、何たるかを合理的に考究し、明解な判断を下すべきではないかと同誌は呼びかけ、この問題を避けてしまっては法案も「去勢」されたものとなると指摘する。

宗教制度調査会特別委員会は、この点について法文上明記するよう求めた仏教側の意向に応じず、代わりに文部大臣と内務次官から訓令や言明を出すといった妥協に決したようだが、大谷大学と龍谷《りゅうこく》大学の教授陣による神社問題の協議会は研究を重ねて、「神社は宗教なり」という断案を下し、神社の宗教行為、例えば祈禱や護符《ごふ》を強いるのは信教の自由に反する、といった解釈が示されているとして、同誌は「事実」を忌避して見苦しい「妥協」をはかるのは仏教徒、国民のために悲しむべき事実であり、宗教法案の価値もまったくないと言わざるを得ないと主張した。

安藤正純の批評

真宗大谷派寺院出身で、僧侶には被選挙権がなかったため、還俗して一九二〇年に衆議院議員になった安藤正純《あんどうまさずみ》は、総合雑誌『改造』一九二六年七月号に「宗教法案を評す」との論考を寄せた。

安藤は、宗教法制定の要点は「自由主義」と「保護主義」のいずれかを採用するかにあるが、宗教法案はその主義が定まっておらず、「便宜主義」とも言うべきものであり、宗教制度調査会でも文部省側にこの点を指摘して、政府は「公平なる審議」を容れて法案を修正すべきだと提案したという。同調査会は、宗教制度を調査・審議するために設けられた文相諮問《しもん》機関である。

安藤の指摘に対し、文部省側は法案を修正する態度を見せず、「明瞭の答弁を為し得なかった」が、その原案自体、安藤からすれば「宗教事項取締法」とも称すべきものであった。宗教は、憲法二八条の規定に基づく自由が保障されているにもかかわらず、宗教法案における監督規定は

「余りに煩瑣」であり、「監督」が「干渉」にわたるのであれば弊害が助長されると安藤は指摘する。

実際、宗教法案では報告、検査、必要な処分、その他必要な命令など、あまりにも細かく監督権限を規定し過ぎており、労働組合法の監督規定も過大で、労働組合の助長を妨げるものだが、宗教法案はそれ以上であり、岡田文相の性癖と思想がうかがえると安藤は批判する。

寺院境内地問題についても、そもそも維新当時の政府が「誤りたる処分」によって「不当」に寺院所有地を没収したにもかかわらず、一部を有償売却・貸付とするのは「全く不合理」で、仏教徒はこれに「盲従」すべきではないと安藤は呼びかけた。

社会主義者の反応

真言宗の専門誌『六大新報《ろくだいしんぽう》』一九二六年七月一一日号に掲載された論考「宗教法案の評判」は、社会主義者と見られる亀山本元《かめやまほんげん》の筆になるものである。

亀山はまず、宗教法案が明らかになる前まで、宗教界では、その制定によって「政府の保護」と「官僚的な権威」が与えられて宗教の地位が高まるといった期待があったが、実際の法案を見ると、神社はなぜ宗教ではないのか、管長の人事を文部大臣が認可すべきかなど、疑問が百出し、宗教法案の廃棄を望む声が高まっていると述べている。

亀山は宗教団体について、「社会苦」や「無産階級の苦悩」を無視して貴族化、官僚化し、権力政治の道具となっていると批判し、社会主義者はこれを猛烈に呪詛《じゅそ》しているとした上で、農民や商工業者のほとんどを檀家とし、社会民衆と接触する機会が多い宗教者は、私服を肥やすばかりで使命を果たしていないと糾弾する。

インドにおいて釈迦は、階級観念を打破して人格の平等を唱え、王族階級から一浪人となって民衆の一人となったとして、現代の宗教も高遠な教理を説くのではなく、「実行」「運動」こそが求められており、経典の抽象的敷衍を廃して、その具体的実行運動に移るべきであると主張する亀山は、宗教法案はそうした「実行運動」を制限する傾向があり、立法者には権力政治の道具として宗教を取り扱う姿勢が見てとれるという。

亀山は調査会に対して、これを踏まえた「法案改善運動」を展開してほしいと求めているが、大正デモクラシーの余韻が濃厚に残るなか、吉野に代表されるリベラルな論調が活性化するとともに、こうした社会主義的論調も顕在化していた。宗教法案もまた、こうした多様化するイデオロギーと対峙しながら、構築していくことを求められる時代となった。

4　新聞各紙の論調

『東京日日新聞』と『大阪毎日新聞』

この頃も長州閥系の機関紙とみられていた『東京日日新聞』の大阪版『大阪毎日新聞』の紙面

を見てみよう。

『大阪毎日新聞』は一九二五年一一月二七日付朝刊に「出来上った宗教法案——寺院の財産保護も厳重規定」と題する記事を掲載し、文部省宗教局内で法案が出来上がったため、省議が開かれて議論が交わされ、その席で岡田文相は、法案では宗派・国家関係、宗派間関係について規定し、宗派の自治を基本としているが、その行動や運動が「社会の安寧秩序」に影響する場合は厳重に取り締まると発言したという。また岡田は、寺院の財産保護に関して多くの条項を設けたとして、今後省議を重ねて公表、宗教制度調査会に諮問して「十分練ったもの」を議会に提出したいと語っている。

同紙一九二六年六月八日付夕刊に掲載された「宗教法案は原案通り纏まろう」と題する談話で、岡田は調査会では神社が宗教か否かが問題となっただけで、原案が認められそうだとした上で、神社については宗教法案の対象外とし、将来的に「神社法」を制定して取り締まる予定だと語った。法案で、仏教、教派神道、キリスト教の「三教平等主義」を採用したことを「かれこれ」言う声があるが、他の宗教も「完全な発達」を遂げれば、これらに加えて「平等」に取り扱うとの意向を示している。

同紙同年八月九日付朝刊には「宗教法案の修正——各派の修正希望に対する文部省側の意見」との記事が掲載され、宗教側が示した法案修正案に対して、宗教指定制度を「宗教団体指定」制度とする点や宗教教師規定に例外を設ける点、国有地譲与規定を修正する点、管長の人事認可制を届出制とする点などについて、文部省側は修正に応じないとした上で、管長の世襲を求める意見や「檀徒《だんと》」「信徒」の用語を「信徒」に統一することなどには、「考慮の余地」があると伝えている。

こうして政府側の意向を報じてきた同紙にとって、法案が審議未了廃案となったことは、無念であったに違いない。

紙面では廃案について特に論じていないが、『東京日日新聞』一九二七年三月一七日付朝刊は「宗教法案撤回はしない――流産すれば貴族院の罪」と題する記事を掲げ、法案が審議未了廃案となる見込みを伝えた上で、政府は議会冒頭から「誠意」をもって「諒解」を求め、調査会にも各界の権威を集めて諮問しただけに、廃案となれば責任は「貴族院」にあると政府は考え、法案を撤回せず、審議継続を希望する意向を示していくと報じた。これが政府の意向であり、また両紙が支持する姿勢であったと思われる。

『東京朝日新聞』『時事新報』

こうした政府寄りの論調に対し、他紙では、法案に批判的な論調が目立った。

『東京朝日新聞』は一九二六年五月二九日付朝刊の「宗教法案是非――神仏基三派の意見」との記事で、法案に対する日本仏教連合会・窪川旭丈《くぼかわぎよくじよう》、神道本局管長・神崎一作《かんざきいつさく》、天主教司祭・岩下《いわした》壮一《そういち》の意見を掲載した。窪川は、所属宗派の変更を認めることで「信徒間の紛争」が激化すると懸念し、寺院境内地問題についても、一部を有償とする案を「すこぶる穏当を欠いた措置」で、すべて無償とすべきであり、法案は「干渉保護」を方針として「自由自治」を採用しなかったことを批判した。
神崎は、大本教《おおもときょう》のような団体を指定する際に、どう「保護奨励」するのか疑問を呈し、教会を法人とすることで本末関係が乱され、教師に学歴規定を設けると新たに学校を設けなければならない教派神道も出て来ると懸念している。岩下は、カトリックと神社との関係をもう少し明確にしなければ、「将来困る」ことが起きるなどと述べた。

同紙の翌年二月一八日付朝刊に掲載された「いよ〳〵白熱した宗教法案反対の気勢――万一通過せば全思想界の由々しき問題」と題する記事では、近角常観《ちかずみじょうかん》や小野清一郎などの「自由仏教徒」が「反対同盟」を結成したが、その反対理由として、「干渉」が苛酷で「宗教の生命」を「枯死」させること、結社設立にあたって地方長官の許可を受けるのは憲法が保障する「信教自由の精神」に反すること、仏教に単立教会設立を認めないのは「不正義」であること、などを挙げた上で、法案は宗教を「監督結束」しようとする「政略的」「思想監督」「信仰迫害」で、時代に逆行していると主張しているという。

廃案を受けた同紙三月一七日付夕刊は、「宗教法案握り潰しいよ〳〵確実となる」と題する記事を掲載し、翌日付朝刊は、法案が各方面において「意外に評判悪しく」、貴族院での委員会審議すら通過せず、「闇から闇へ」葬り去られる運命だと伝えている。「評判悪」であることを報じてきたのは同紙自身でもあった。

『時事新報』は一九二六年六月一二日付朝刊に「宗教法案に修正意見――仏耶《ぶつや》夫々《それぞれ》の異論」と題する記事を掲載し、仏教側は法案について、寺院境内地払下げに関する「制限の修正」を求めており、キリスト教側は、「神道又は仏教にあらざる宗教」として法文中に明文化されなかったことを問題視しており、調査会でも、キリスト教の軽視は「国際感情」に影響するといった声が上がっているという。

宗教と神社の区別も問題となっており、仏教側では、神社を宗教として扱えば憲法二八条によって神社崇敬が「随意」となり、「国体《こくたい》の基礎」に不都合が生じるため、「神社の宗教行為」を取り締まるべきだという声が出ているとしている。

5　帝国議会での審議

貴族院特別委員会での審議

貴族院での宗教法案審議の模様については、『六大新報』一九二七年四月一〇日号の巻頭論説「握り潰しの宗教法案」が伝えている。

同論説によると、キリスト教徒や仏教徒の反対運動が展開されるなか、宗教法案は貴族院の特別委員会で「握り潰し」となった。法案に欠点が多数あるにもかかわらず、文部省側は岡田文相や下村局長など、そろって「殆んど完璧に等しきもの」のように披露し、自慢もしたが、貴族院上程後は、花井《はない》卓蔵《たくぞう》、水野錬太郎、木場《こば》貞長《さだたけ》などの議員から攻撃され、目も当てられない「不完全至極の法案」であることを露呈したとして、同論説は法案が審議未了廃案となったことを歓迎し、次期議会に「完全なる法案」が再提出されることを期待している。

実際の貴族院宗教法案特別委員会での議事経過を、花井、水野、木場の発言を軸にたどっておきたい。

委員会審議が打ち切られる前々日の一九二七年三月一四日の委員会で、木場貞長（勅選議員／元文部次官）は、文部大臣による宗教の指定をやめるべきだと主張し、「宗教」を名指しするのは「穏当」ではなく、法人としての認可によって免税規定を適用すれば充分ではないか、指定制度は無意味で、かえって害が多いと発言している。花井卓蔵（勅選議員／弁護士）は、そもそも「民法論」として「総ての主義」が受け入れられないとした上で、木場の提案に賛成した。

審議未了、廃案

翌日の委員会ではまず、宗教法案第一二五条と第一二六条が問題となった。第一二五条は、寺院・仏堂は無償で貸し付けられた国有地を本法施行から二年または三年以内に寺院境内地処分審査会に申請した場合、大蔵大臣が国有地を譲与すると定め、第一二六条は、前条によって譲与されない土地は、有償で売却することなどを規定したものである。

この日、花井が第一二五条に関連する判例を示した上で、政府委員の下村と質疑を交わしたが、水野は、社寺境内地の問題は長年にわたって続いてきたもので、これを政治的に解決するのは適当だが、第一二五条・第一二六条によっても問題は解決されず、寺院側はあくまで「無条件譲与」を求めている以上、将来の紛争は避けられないと指摘した。

岡田は調査の上で回答したいと答弁したが、議論がまとまらないため、花井の提案で懇談事項として速記が中止され、速記再開後に花井は、宗教法・宗教法令が文部大臣の指定した宗教に適用されるとした第一条、指定にあたって文部大臣は宗教審議会に諮詢するとした第二条の削除などを提案し、宗教教師の資格も、宗教に関する専門の学業を修めた者と限定してはどうかと述べている。

水野は、法案の欠点として「監督」「干渉」といった規定が多いことが指摘されているとして、宗教法に「信教の自由を保証する」という意味の条文を入れるよう提案し、宗教の宣布、儀式執行の制限・禁止規定や宗教の指定取消規定などは、法律を読む者を非常に「不愉快」にさせるため、修正・削除してほしいと要望した。

翌一六日、同委員会に各種の修正意見が出されたとして、「或る時期まで委員会を中止」するよう八条隆正《はちじょうたかまさ》（子爵議員／元大蔵官僚）から提案があり、委員会が全会一致で了承して審議が打ち切られ、そのまま二五日の議会の会期末を迎えたため、法案は審議未了、廃案となった。

特別委員会で花井は神社問題も取り上げており、三月二日には、神社法制定の調査経過や神社非宗教論の「理論的」「実際的」根拠、宗教法で宗教行為を規定することで神社の「宗教行為」が制限・禁止されること、などについて問い、木場も神社には「氏子」や「御祭」、「葬儀」など宗教の観念に含まれるような行動が多く、宗教と見なされやすいと指摘している。内相代理の安達謙蔵《あだちけんぞう》は、神社の儀式は「我国古来の儀礼」であるため、宗教法が施行されても差し止められることはないと答弁したが、花井は納得せず、祈禱や守札、吉凶判断など、神社には「宗教行為」に属するものが多く、神社法がなければ国民生活に即した「実際問題」が起きると述べた。安達は神社の「由緒」や「沿革」に伴うものは「宗教行為」ではないと応じたが、花井はなおも抵抗し、安達も持論を繰り返して、議論はすれ違いに終わっている。

監督権限が強すぎることへの懸念や、寺院境内地問題解決の実効可能性、神社問題などをめぐって、法律の基本的な原則から細部にいたるまで、内務大臣や文部次官の経験者といった行政専門家や法曹専門家の合意が得られない以上、議論が先送りされるのもやむを得なかった。

水野は帝国大学法科大学卒、木場も東京大学で政治学と理財学を修めたが、法案に対する批判的な論調が言論界を席巻するなか、特に母校の法学・政治学の教授順がこぞって法案に反対したことも、彼らにとっては追い風に、文部省にとっては逆風になったに違いない（岡田も帝大哲学科、下村も東京帝大法科大学の卒業生である）。

政府としては、次の法案でも彼ら専門家の意見を徴するべく、貴族院先議とする慣例を踏襲するが、監督権限については抑制せざるを得なくなっていく。

第四章
「信教の自由」は言論・集会・結社の自由を含むか――第二次宗教団体法案と憲法論議

1　法案提出の経緯と概要

「宗教団体法」の立案

第二次宗教法案が審議未了で廃案となってわずか二年後の一九二九年（昭和四年）、名称を「宗教団体法案」と変更した上で、田中義一《たなかぎいち》内閣は改めて法案を貴族院に提出した。前法案の際に監督規定が厳しすぎると批判していた安藤正純が、文部参与官となっていた。安藤によると、この機会に宗教法案の「根本基調」を改めて積年の課題を解決しようと考え、勝田主計《しょうだかずえ》・文部大臣に相談の上で法案提出にいたったが、その間の約一年間、粟屋謙《あわやけん》・文部次官と下村寿一・宗教局長、安藤の三人で調査研究に没頭したという。

安藤は一九四三年に刊行した『政界を歩みつゝ』（大智書房）で、当時の自らの主張について、宗教は「精神現象」である以上、法律の対象にはならず、宗教の教義や内容については法案から切り離し、「信仰の作用」を外的行為に現した寺院、教会、宗派、教派といった「宗教団体」には国家が「適度の監督」を加え、その「向上発達」を保護する点に「立法の範囲を限定」することにあったと説明し、名称も「宗教団体法」とするよう主張して容れられたと回顧している。

一九二九年二月一五日、貴族院本会議で法案の趣旨説明を行った勝田文相は、近年、「物質文明」の弊害が顕著となり、「思想の善導」や「国民精神の作興」が求められるようになっているが、そのためには「信念」や「信仰」を基礎として「民心」を教化する必要があるとした上で、宗教については統一的な法規が存在せず、命令や規定が不明確であると述べ、宗教団体が準拠する「標準」を示し、政府として宗教を保護し、監督する必要があると語っている。

その趣旨は、宗教団体の保護によって国民教化を促進し、その「自治的発達」を充分にするところにあり、監督については「大まかな点」についてのみ規定し、取り締まりは「制限」「最小限度」に止めたと勝田は強調した。

法案の内容

法案は監督規定を制限することに主眼が置かれ、前法案で問題となったような「その他必要なる処分」を行えるといった文言が避けられて、主務大臣の監督権限も「公益上」必要な場合に止め、宗教の教義や儀式には干渉しないことが明文化された。宗教審議会案は排除され、宗教結社の設置は地方長官への届出制に改められて、教派・宗派・教団を組織するためには教規・宗制の

「認可」ではなく「認定」を受けることとし、宗教の指定制度も排除されている。

管長の人事権についても文部大臣の認可制から事後届出制となり、宗教上の紛議《ふんぎ》に際して文部大臣に処分を求めることもできなくなって、単立教会の設置が仏教にも認められた。宗教教義の宣布・儀式の執行に際して欺罔《ぎもう》・誑惑《きょうわく》（欺いてだますこと）を用いた者に対する罰則が削除されるなど、罰則規定も緩和されている。

安藤自身、一部に反対はあったものの、大規模な反対運動は起きず、質・量ともに「有力な反対共鳴者」はなく、神道、仏教ともに「熱心な法案支持者」で、賛成する空気が国内に漲っていたと述べている（前掲『政界を歩みつゝ』）。法案は三月二四日まで貴族院宗教団体法外一件特別委員会で審議されたが、翌日に結論を得ないまま議会が会期末を迎え、法案はまたしても、審議未了のまま廃案となった。

2　宗教界の反応

近角常観の抵抗

仏教界では、一九二九年三月一〇日に仏教連合会主催大会が開かれて「宗教団体法案賛成の理由」と題する文書が採択され、法案が宗教の本質に干渉するものではなく、本質的事項は自治に委ねて財産保護も有効に保障し、租税免除の特典も規定されている、などといった賛成理由を挙げている。

そうしたなか、安藤が右の回想で法案反対の代表的人物としてあげ、「時代の推移や、法案の内容や、そんな客観的情勢には目も耳も傾けない」「独断的」「人の言を容れない」と評したのが、真宗大谷派の僧侶・近角常観である。近角は宗教団体法案反対仏教徒同盟の代表となり、同同盟は『宗教団体法案反対理由』(一九二九年)と題するパンフレットを発行した。

これによると、反対理由の第一は仏教、神道、キリスト教を画一的に規定したところにあり、画一的に律することは、宗教の絶対性を侵害し、各自の「自由」を拘束することになり、特に外国に根拠を有し、少数の信者しかいないキリスト教と画一的に扱われるのには納得がいかないという。

その意味で、同連盟の反対は第一次宗教法案の延長線上にあり、パンフレットも同法案に全国仏教徒が反対したのはキリスト教と同一視されたためで、この反対理由は何年経っても変わることはないと主張し、キリスト教に恩恵を施すことは思想を混乱させ、信仰を分裂させて、「国家社会を誤るの結果」を生じることになると懸念を表明している。

仏教連合会は右の「宗教団体法案賛成の理由」で、憲法上「信教の自由」が保障されている以上、国家はすべての宗教を「一視同仁」に扱うべきで、「国法上の特権」に依存してキリスト教に対抗しようとするのは「怯懦《きょうだ》」であると難じているが、近角はこうした姿勢を「真の信仰」を放棄したものと痛罵し、今回の法案は、連合会を支持基盤とする政治家が第二次宗教法案を骨抜きにして復活させたもので、政治家の地盤と寺院境内地還付の物質的利益によって「国家と仏教との関係が破壊」されるのは「千秋《せんしゅう》の恨事《こんじ》」だと嘆いた。

近角は個人として刊行したパンフレット『宗教法案反対来歴』（一九二九年）でも、第二次宗教法案の「監督主義」と「三教平等」を改めて批判した上で、今回の法案はその「幽霊」であると難じた上で、宗教家として、怒濤の如く押し寄せる「思想問題」を解決し、「国家に奉貢」する「確信」を表明し、それに基づいて法案を「絶対的に否認」すると表明している。

日本基督教会の反対

キリスト教界でも反発の声が強かった。日本基督教会は「対宗教団体法案特別委員会」を組織し、今泉源吉述として『宗教団体法案と基督教会』（一九二九年）と題する冊子を刊行している。今泉によると、全国の一二四〇教会のうち、九四八教会から法案に「判然反対なる旨」が通知されてきたという。

今泉はまず、憲法二八条は宗教団体の「自治」を保障したものであり、主務大臣に加えて地方長官にも監督権限を与えた法案は「驚くべき事」だと反発し、教義や儀式に介入しなくとも、制度や機関もまた「信仰の具現化」であり、それらへの干渉は「教会の俗化」「政党化」さえ生み出しかねない、と懸念を表明する。

当時は立憲政友会と立憲民政党の二大政党時代であり、今泉も、文部大臣の権限を地方長官に委任することで、「仏教系の知事」や「民政系の教会」が生じ、教会が「蹂躙破壊」されるのではないかと述べ、「公益上」に限るとされた監督権も、「公益」の解釈が文部省に委ねられる以上、「有名無実」だと指摘した。

宗教団体や宗教教師が安寧秩序に反し、臣民の義務に背いた場合、その行動が制限・禁止されるのはやむを得ないが、その権限を「地方監督官庁」の認定に委ねている点は「危険千万」であると今泉は述べ、この他にも、教団設立が文部大臣の「認定」を要し、合併や解散にも許可が必要で、三年以上教会主任者を欠くと解散となるといった規定も、「生殺与奪《せいさつよだつ》の権」を「御役所」に与えるものだと今泉は批判した。宗教結社の届け出についても、従来は法律がなく、届け出さえ必要なかったのだから、むしろ厳しくなると述べている。

宗教教師資格をめぐって

正教会の神学者・西海枝静《さいかいししずか》は、『正教時報』一九二九年二月号に寄せた論説「宗教団体法案」において、法案が宗教結社の設置を届出制としたことを「至極道理にかなったこと」と評価し、宗教指定制度を廃止したことにも賛意を示したが、宗教教師資格を中学校または高等女学校以上とする学歴規定を維持したことに関しては、中等教育を受けなければ知識に乏しく、社会を教導できないという意味かと疑問を呈した。

宗教教師には豊富な知識より経験による「熱烈な信仰」が重要であり、それによって社会を感化しなければならず、ロシアでは神学校で教育を受けていない労働者が司祭となり、教理的素養のない軍人が主教となった例が少なくないという。

西海枝は、実際に中学卒業程度の教育を受けなくとも社会で成功している例は多く、政府は中学教育を受けなければ「危険思想」に感染しやすいと懸念しているのかもしれないが、それは「滑稽」であるとして、今日においてマルクス主義が浸透しているのは無学な者より有識者階級、大学や専門学校の生徒で、彼らは西洋文化に心酔するあまり、日本の国体や歴史、伝統を無視して「奇矯《ききょう》な思想」に傾倒したのだと主張する。

これを踏まえて西海枝は、学歴にこだわる文部省に反対し、教師資格は各宗教に委任するか、小学校卒業程度に止めるよう提言した。

宗教教師の資格をめぐっては、第二次宗教法案でもこれに反対していた山室軍平が『朝鮮公論』一九二九年五月号に寄せた「宗教法案に対しての意見」で、救世軍では宗教を「民衆」を対象とした「実行」であると捉えており、「愛の奉仕」こそが重要で、学歴がないから士官が務まらないわけではないと論じている。飲酒を改めさせ、病苦に苦しむ人を救うために、専門教育が必要とされるわけではあるまいと山室は言う。

実際にこの規定を救世軍士官に適用すると、七、八割は「失格者」になるだろうと山室は懸念し、世界のどの国でも士官に学歴は求められておらず、日本のみこれを求めるのはどういう訳かと問う。「一般民衆」の気心を知り、そのために奉仕し、「上品」で「教養」ある人々の手の届かない所で働きうる以上、学歴を要求して、そうした機能への「考慮」や「理解」を欠くのは適切でないと山室は批判し、諸外国が救世軍に許容している自由を、日本も付与してほしいと「切望」した。

カトリックの『声』

『声』一九二九年三月号に掲載された秋庭紫苑《あきばしおん》の「公教と宗教団体法案」は、カトリックの観点から法案を論評したものである。

秋庭もまた、宗教結社の許可主義を届出主義に改めたことや、管長の人事を認可主義から届出主義としたことなど、法案に「改善の跡」が見られる点を評価しつつ、「今回の法案には全然賛成」で異議がないかというと、決してそうではないという。

法案では教義や儀式には立ち入らないとしているが、第三九条では、教団規則について文部大臣の許可を受けると規定し、第四一条では、その教団規則に教義や儀式、教団管理者、教団組織、人事権に関する事項を記載するよう定めており、これらも届出主義に改めなければ、カトリックとしては到底承認することができないと主張した。

カトリックの教義や儀式、教団管理者などは、二〇〇〇年前にイエス・キリストが定めて以来、「不変不動」のもので、人間が変更することはできず、政府も許可や認定の権限を行使することはできないとする秋庭は、政府が法令で規制できるのは「教会の地所、建物」といった「物質的」な事項に限られ、この点ではカトリックが教育機関や社会事業団体と同様の扱いを受けても異議はないと論じる。

翌月号の同誌には、「宗教団体法案握り潰さる」と題する短文が掲載され、法案が貴族院で握りつぶされたが、日本では未だ「信教自由の真精神」が理解されていないため、宗教と国家とが独立しているアメリカに学ぶべきだと説いた。宗教団体法案にはさらなる研究を要し、「軽挙粗《そ》漏《ろう》は許されない」と同誌は勧告している。

3　知識人の反応

宗教結社の憲法的根拠

今泉が法案の「許可主義」を批判する際に引用したのが、美濃部《みのべ》達吉《たつきち》『逐条憲法精義』(有斐閣、一九二七年)の一節である。ここで美濃部は、宗教団体の設立に際して「行政庁の許可」を必要とし、宗教団体の規約・教義についても行政庁の認可を受けなければ効力を生じないものとするのは、「憲法の許さないところ」だと論じていた。

東京帝国大学法学部教授で憲法学者の美濃部自身、第一次宗教団体法案をめぐって、その憲法学的見地から政府側と論争を交わすこととなった。

発端となったのは、一九二九年二月一五日の貴族院本会議における勝田の答弁である。勝田は、「宗教の自由」や「信教の自由」の解釈は伊藤博文の『憲法義解』に依るのが最も適切であるとした上で、「内部の信仰」が「外部」に現れた「団体」や「結社」については、「信教自由の範囲外」と解釈されていると述べた。

「信教の自由」と「団体結社の自由」とは「全く別段に規定」されているとする勝田は、集会結社については憲法二九条で「法律の範囲内」でなせると規定されており、この規定に「總《すべ》て打込まれた」と解釈するのが適当だと論じ、法律の規定によって「団体」や「団体の活動」を拘束できると答弁している。

宗教上の結社は憲法二八条によって認められるのか、勝田の主張通り、二九条（日本臣民は法律の範囲内に於て言論著作印行集会及結社の自由を有す）によって認められるのか。ここに重要な論点が提示されたわけである。

勝田の見解は個人的なものではなく、政府としての公式解釈であった。文部省宗務《しゅうむ》課長も憲法二八条は宗教結社の自由を保障した規定ではなく、宗教団体も結社の一つとして、二九条の規定の範囲内で自由を有すると述べており、日本基督教会対宗教団体法案特別委員会はこれに対し、『文部省宗務課長の弁妄書に対する弁駁書』（一九二九年）を発表して反論している。

同委員会は、文部省の憲法解釈は「公法学者の定説」や「議会の代表意見」を無視したものだとして、美濃部の学説、藤澤《ふじさわ》利喜太郎《りきたろう》（貴族院帝国学士院会員議員）と花井卓蔵の議会発言を例示している。美濃部の学説は『憲法撮要』（有斐閣、一九二三年）からの引用で、「信教の自由」は単に「心裡」における「信仰の自由」を意味するだけでなく、「宗教の儀式礼拝」を行い、「寺院教会」を設け、「宣伝」をなし、「集会結社」の自由を包含すると述べられている。

藤澤も「信教の自由」を「最も広義に」解釈する必要を説いており、花井も「信教の自由」は「心裡の信仰」だけでなく、宗教上の儀式・礼拝、宣伝、集会結社をなす自由を包含していると解していた。

美濃部・下村論争

ここに来て、美濃部自身も公に発言することになる。『読売新聞』一九二九年二月二〇日付朝刊に「宗教結社の自由に就て」と題する談話を寄せた美濃部は、憲法二八条に関連して宗教結社について疑義を呈する向きがあるが、同条で保障する自由は決して「狭隘《きょうあい》」なものではないと述べ、この自由は「内心の自由」はもちろん、「教義の宣布」その他の行為、「宗教上の結社」も包含するものであり、この結社が二九条の規定する結社でないことは「明白」であると言明した。

美濃部は、宗教団体法案が神道と仏教について歴史的背景から保護・監督を加えたことを止むを得ないこととしつつ、キリスト教にも同一の規定を適用し、「宗教の自由」の観点からその反発を招いている点に注意を促し、同法の促進にあたっては「違憲の粗漏」がないよう慎むべきだと釘を刺した。日本基督教会が自説を引用して反発していることを承知した上での、苦言である。

美濃部達吉

これに対して下村は同紙同月二三日付朝刊に「宗教結社の自由に就て——美濃部博士の高教を請う」と題する論説を寄せ、自分は憲法二八条の解釈について、「全然博士の所説に服することは出来ぬ」と述べた上で、ヨーロッパの憲法はどれも「宗教信仰の自由」と「宗教行為」、特に

「宗教結社の自由」を別々の字句・条項で定めており、伊藤博文が研究したドイツやオーストリアの憲法も同様であるという。

下村は憲法二八条には宗教行為、殊に宗教結社について規定しておらず、立案者の周到な「考慮」と「容易」を施した憲法に誤りがあるはずがなく、宗教の宣布、集会、結社は二九条の適用を受けるとして、二八条は宗教結社の自由は包含していないと「断定」することに躊躇はないと論じた。

さらに、キリスト教の反発に対する美濃部の注意喚起に対して下村は、憲法の規定が伝統や習慣より弱いはずがなく、キリスト教に対して違憲であれば神道や仏教についても違憲であり、その伝統や習慣で「憲法を左右」するのはおかしいと反論した。

これに対し美濃部は、同紙同月二六日から三月一日にかけての朝刊に、「宗教団体法案と信教の自由——下村宗教局長に答う」と題する連載記事を掲げた。美濃部は宗教団体法案について、憲法上保障された「信教の自由」に対して、「必要以上の干渉」を加えることに「反対の意見」を持っていたと前置きした上で、下村の主張が政府解釈として法律立案の基礎となったとすれば、法案自体が「誤った基礎」の上に立っていることを証明すると論じる。

憲法の規定を「内心の信仰の自由」に限って解釈するのは、憲法を「全然無意味」にするものであり、宗教迫害の歴史は宗教行為、特に宗教結社に対する圧迫の歴史であって、近代国家が憲法で「信教の自由」を保障しているのは、こうした「外部的の宗教行為」に対する圧迫を制するためで、『憲法義解』は、内心の「信仰帰依」は絶対で国法干渉外であり、外部に現れた礼拝、儀式、布教、演説、結社、集会に関しては、「安寧秩序」を妨げず、「臣民たるの義務」に背かないことを要すると述べており、その「制限以外」においては自由であると述べた。

美濃部は、出版、集会、結社が宗教によるものであるが故に、ほかの一般の出版、集会、結社とは異なる「特別な制限」を加えられるのは二八条の趣意に反するとした上で、宗教はできるだけ「政権の関与の外」に立つことを本旨とすべきだと述べ、宗教団体法案に懸念を表明している。

下村は宗教の宣布、集会、結社は憲法二九条の適用を受けると解釈することで、宗教団体法の憲法上の根拠を示そうとしたが、結局、美濃部に再反論することはできなかった。

この頃まで、憲法の定める「信教の自由」の範囲に関する定説はなく、清水澄《しみずとおる》（学習院教授）は結社の自由を含まないとの立場をとり、上杉慎吉《うえすぎしんきち》（東京帝国大学法学部教授）や佐々木惣一《ささきそういち》（京都帝国大学法学部教授）、美濃部は結社の自由を含むという見解をとっていたが、この論争を経て美濃部説が断然有力となり、一九三〇年代前半には文部省宗教局の官僚も美濃部説に依拠するようになる。

4 新聞各紙の論調

『大阪毎日新聞』の批評

『大阪毎日新聞』は一九二九年二月一三日付朝刊の社説「宗教団体法案批評——難点が多い」で、法案には法律によって宗教事象を規律するのは誤りであるといった批判が寄せられており、政府としては「宗教」ではなく、それが「外部」に現れた「宗教団体」のみを対象としたと解説した上で、第二次宗教法案からの改善は十分でなく、未だ「宗教現象」自体を取り締まる規定を残していると批判する。

憲法は「信教の自由」を保障しており、法律は宗教が「国家的生活」に及ぼす影響に限って規定すべきで、宗教自体を保護・監督するのは「国家」の任務でなく、結社設立や管長人事を許可制から届出制などとして監督規定を緩和した点を挙げつつも、「根本精神」は変わっておらず、宗教教師について何らかの資格条件を設定すること自体が、「宗教の自由性」を否認することになるという。

宗教教師の資格は宗派に委任すべきだとする同紙は、仏教各派を「宗派」として、教派神道を「教派」として、キリスト教を「教団」として細かく規定したのは「愚劣」極まるもので、三者に区別はなく、これらを包含する規定を設けるべきだと論じ、組織についての規定は宗制に変更を迫り、組合主義を否定するものであるとして、こうした規定は必要ないと主張した。

これまで政府の宗教法案を支持する立場をとってきた同紙からも厳しい批判が寄せられたことは、キリスト教界等からの反対論と憲法論に基づく批判が、無視し得ない状況になっていたことをうかがわせよう。

『東京朝日新聞』『報知新聞』『時事新報』の批判

『東京朝日新聞』は一九二九年二月一四日付朝刊に社説「宗教法案の再現」を掲げ、政府は第二次宗教法案に部分的修正を加えたが、あくまで「宗教取締法」であって、これを欺瞞して「宣伝」し、通過を図ろうとしていると批判している。

同紙は、政府側はこれまで、既成宗教団体の財産や人事の紛議を取り扱うのに慣れて、宗教それ自体への「真の理解」を欠いており、そのために「宗教の本質」や「信仰の根本」を侵害するような法規を作成し、宗教団体側も賛成の姿勢を見せているとして、これを「既成宗教団体の腐敗」と「各宗宗務当局の堕落」の結果だと指摘した。

憲法の保障する「信教の自由」が「内心の信仰」のみならず、宗教上の儀式、礼拝、結社の自由を含むとする解釈が「定説」となっているとする同紙は、一定の目的をもった結社を禁止して「危険思想」を取り締まろうとする法案は、「信教の自由」を殺すと述べ、教派・宗派の認定制度についても、必要記載事項として教団規則を設定することを伴う以上、文部大臣の監督権は教義や儀式に及び、宗教団体の「自治」を尊重しているとは言いがたく、同法は宗教を「毒し」、「憲法に違反し」、「国家を害する」ことは明らかだと批判している。

『報知新聞』一九二九年三月六日付夕刊に掲載された「憲法二八条」と題する記事もまた、憲法二八条は個人が「宗教を信ずるの自由」を保障するだけでなく、「宗教的結社の自由」や「共同的宗教行為の自由」も包含するもので、これは「公法上の権威」もことごとく認めているとした上で、文部省側が信仰の外部に現れた「団体結社の自由」を同条の範囲外と解釈していることについて、「取るに足らぬ」と攻撃する。

同紙は、貴族院特別委員会には花井のような「法曹界権威者」もいるため、「憲法違反の宗教法」が通過するとは思えないとの展望を示した。

『時事新報』も一九二九年二月一五日付朝刊に社説「宗教団体法案――信教自由に対する有害なる干渉」を掲げ、法案は第二次宗教法案で「批評のあった諸点」を取り除いてはいるものの、「枝葉末節《しようまつせつ》」の書き換えに過ぎず、根本的な趣旨は「官庁の監督取締」にあり、「一俗吏《ぞくり》たる文部大臣」に「干渉の絶対権」を与えていると攻撃している。

同紙は、宗教の世俗的側面に「法治的根拠」を与え、紛議が起きた際の「行政事務」を簡易にすることは必要としながらも、既成宗教団体の「保護」のために「信教の自由に干渉する危険」を伴う法案は「憲法保障の精神」に反し、「行政権」の宗教に対する「保護干渉の手」は制限するほかなく、「俗吏の官憲万能主義」から脱していないと法案を批判する。

同紙は三月二日付朝刊の社説「宗教団体法案否決す可し」で、憲法二八条は礼拝、布教、その他の宗教行為の自由を認めており、「官憲の監督主義」や「管長能力の増大」を企図した法案は「信仰的自由」を束縛するものであり、「信教の自由」がほとんど顧みられていないと嘆く。「政教分離」は近代国家が存立する上での「大主義」だとする同紙は、文部省が「御用宗教」を作り、「民心」を指導するなどもっての外であり、「思想善導」や「民心作興《みんしんさっこう》」の手段として宗教を保護・監督するのは、明治初年の教導職の「旧式思想」を繰り返すもので、失敗するのは明白だと断じた。同紙は宗教に対する「保護干渉」を撤廃し、宗教の「興亡消長」は自然淘汰に任せるべきだとして、法案に「絶対に反対」して、議会に否決を要求している。

いずれも、政府の監督権限について美濃部的憲法解釈によって批判を加えたものであった。

5　貴族院での議事経過

貴族院特別委員会での議論

貴族院では、宗教団体法案外一件特別委員会が設置され、二月一九日から審議が開始された。委員には、前法案に続いて木場貞長、花井卓蔵などが就任したほか、文相として第二次宗教法案通過を試みた岡田良平も勅選議員としてこれに加わった。

花井の提案で、第一次宗教法案、第二次宗教法案が資料として委員に配布され、二月二〇日には木場が、キリスト教に対して監督を厳重にするような現状ではなく、仏教もまた国家とともに発展してきた歴史があるとして、これまでは「非常に自由」に、安寧秩序を妨げない限り「自治」に委ねてきたと述べた上で、せっかく出した法案がまた審議未了となることを避けるべく、適用対象を「在来の宗教」に限り、修正意見にも柔軟に応じてはどうかと発言した。キリスト教側の反発に配慮したものである。

勝田はこれに対し、キリスト教について別途定めることは現実的でなく、法案に反対しているのも「極めて一部」で、彼らは仏教国教論者と「気脈《きみゃく》」を通じているが、どんな宗教でも「咀嚼」し「消化」して国家に貢献する「大雅量《だいがりょう》」を抱くのが国民だと信じていると応じた。

花井は、現行法で足りているのに新法を制定する理由は何かと問うと、下村は宗教団体法がなく、「行政官憲」の「都合」で「随意」に基礎的条件を変更しうる現状は望ましくないと回答して理解を求めたが、花井は具体的に必要な条文を知りたいとして納得しなかった。

田所美治《たどころよしはる》（勅選議員／元文部次官）は、宗教団体法に「信教自由の保障の規定」を設けることを提案し、これは水野や花井がさかんに論じてきた点であり、法律が「宗教団体」法で「団体」を対象とする以上、「信教の自由」の保障について明文化した方がよいのではないかと述べ、これについて下村は、すでに「信教の自由」の妨害禁止は各種法令で明文化されており、ことさらそうした条文を設ける必要はないと答弁している。

神社問題

二月二六日には神社神道も問題となり、花井が神社を宗教でないとした場合、憲法二八条から除外されるのか、自分は「憲法の根本観念」すなわち「祖先教主義」の観点から、神社を宗教ではないと断定すべきではないと考えているとした上で、まだ神社法が制定されていないとして、その見込みはどうなっているか質問した。

政府委員の吉田茂《よしだしげる》・内務省神社局長は、神社法制定については来年度予算で神社制度調査費を増額しており、これによって調査機関を組織して案を得たいと述べ、神社の維持管理というより、「精神的の方面」を勅令ではなく法律によって規定すべきかどうかが、非常に重大な問題だと答弁している。

三月二日にも花井と吉田との間で神社非宗教論をめぐるやりとりがあり、その根拠を問うた花井に対し、吉田は特定の学説に依っているわけではなく、答弁書の趣旨に基づいて、現行法制下では宗教施設としていないと述べた。答弁書は、神社は「国体」「道徳」の表徴であって開祖や経典がなく、日本古代民族生活の延長であり、祖先崇拝は道徳的規範であるといった観点から、宗教ではない、と論じたものである。

花井は宗教団体法と関連して、神社は「国家の公の施設」であって、同法案のどんな規定も適用されないと解釈しているか確認すると、吉田は神社の祈禱・祈願は宗教の範疇には入らず、同法の言う教義や儀式にはあたらないと回答した。田所は「神社と宗教との区別」はなかなか困難な問題だとし、木場も「神社は宗教ではなし」と納得させるのは困難だと述べ、花井は「国体」や「道徳」の表徴ならば、それは宗教の定義であって非宗教の定義ではないと疑問を呈して、

「信教」の範囲に入れても問題ないのではないかと述べた。

委員の間でも神社非宗教論がコンセンサスを得ていたとは言いがたいが、神社が宗教団体法の適用を受けず、別途神社法が必要であるといった認識は、ある程度共有されていたものと思われる。

審議の終結

審議最終日となった三月二四日、花井は会期末が迫り、これ以上審議する機会がなくなったと述べた上で、「信教の自由」に関する憲法解釈について政府と見解を異にするが、法案の修正が困難であると承知したので、今後は文部省が「何人も異存のない結論」を採用するよう努力を求めた。憲法二八条をめぐる政府解釈への不満と、廃案を見据えた発言である。花井は、政府委員に委嘱していた「憲法上の信教自由」に関する調査結果を速記録末尾に掲載するよう要求し、異議なく認められた。

審議終了にあたり、勝田に代わって挨拶に立った安藤は、憲法二八条に関する政府解釈を「委員の多数の方々が間接に是認」したと受け止めた上で、キリスト教を法案から除外するかが論点だったが、これは除外しないこととなり、「最重要な論議」が解決したと自負した。

安藤は「広汎なる修正案」を提出した花井の尽力に敬意を示したが、花井は「信教自由に関する憲法問題」は「決して解決せられて居る訳ではない」として、そのような言葉を委員会の終了に際して受けるのは「真に意外」だと色をなしている。

その直後に委員長の柳原義光《やなぎわらよしみつ》（伯爵議員）が散会を宣言したが、議事録には花井の要求通り、憲法二八条解釈に関する勝田文相の議会発言、アメリカ、フランス、スイス、ベルギー、プロシア、オーストリアの各国憲法における信教自由規定、憲法学者（市村光恵《いちむらみつえ》、副島義一《そえじまぎいち》、清水澄、上杉慎吉、美濃部達吉）の信教自由の範囲に関する学説などの調査結果が掲載されており、憲法解釈問題が足枷になって合意が形成されなかったことがわかる。

「信教の自由」に対する行政機関の干渉の是非と、その根拠となる憲法解釈問題をめぐって、今回も宗教団体法案は審議未了、廃案となった。

第五章

「非常時」における宗教統制をめぐって——第二次宗教団体法案と翼賛体制の構築

1　法案提出の背景と特徴

法案提出の経緯

一九三四年（昭和九年）七月、岡田内閣で弁護士出身の立憲民政党所属衆議院議員・松田《まつだ》源治《げんじ》が文部大臣に就任し、いわゆる「淫祠邪教」を排除するために再度宗教団体法案の立案作業が始まり、翌年一〇月には松田と三辺《みなべ》長治《ちょうじ》・文部次官、高田《たかだ》休広《やすひろ》・宗教局長との間で、憲法上の「信教の自由」の範囲内で立案した法案がまとまったとして、宗教制度調査会に諮問することとなった。この時、祈禱師・角田《つのだ》つねの「きよめの会」が特に問題となっており、こうした「疑似宗教」と呼ばれる存在を取り締まることが念頭に置かれたと言われている。

この成案は調査会の総会で二回、特別委員会で九回、審議が重ねられたものの、一九三七年一二月に木戸幸一《きどこういち》文相によって一旦撤回され、文部省が再度松田案を基礎に法案を作成、調査会での審議を経て、一九三九年一月に平沼内閣が貴族院に提出するに至った。

法案提出にあたって一月二四日、貴族院本会議で趣旨説明に立った荒木貞夫《あらきさだお》文相は、宗教が「国民精神の振作《しんさく》」、「国民精神の啓導《けいどう》」にとって重大な関係を有するとした上で、現下の「非常時局」では、人心の感化と社会風教のため、宗教の健全な発達が必要であり、そのために宗教法規を整備する必要がある、と述べた。

荒木は、明治初年以来、宗教法規は「雑多」なままで統一を欠いており、それが宗教団体の発達と教化活動を阻害しているため、各法規を「整頓」し、宗教団体を適正に「保護監督」して、「宗教教化活動」を促進する必要があると力説している。

特に「新興宗教団体」についてはこれまで、警察の取り締まりに委ねてきたが、「現下の思想界の実状」を鑑みて、その設立には届け出を課し、周到に監督して「弊害の予防」に努め、「善良」な宗教の発達を「指導」したい、と荒木は述べている。憲法の定める「信教の自由」に関しては、「毫末《ごうまつ》」もこれを侵害することがないよう留意しているとも附け加えた。

すでに満洲事変、日中戦争が勃発して「非常時」と呼ばれる時局が到来しており、宗教の動員と取り締まりの姿勢を濃厚に示した法案となった。

法案の概要

法案では、宗教団体と宗教結社について、前者を教派・宗派・教団・寺院・教会、後者をそれ以外の宗教教義の宣布・儀式を執行する結社とし、特に「疑似宗教」とされるものをこれに該当させた。教派・宗派・教団の設立には文部大臣の認可が必要だが、宗教結社については地方長官への事後届出制とされ、寺院・教会は地方長官の認可を得なければ設立・規則の変更、合併・解散、重要財産の処分や借財をすることができず、一方で税の免除といった特典が与えられた。

宗教教義の宣布、儀式の執行、行事が「安寧秩序」を妨げ、「臣民たるの義務」に背くときは、文部大臣がその制限・禁止や宗教教師の業務停止ができ、宗教団体の認可取り消しもできることとなった。同法に違反した場合、懲役・禁錮・罰金などが課せられる。

宗教教師の資格については特に規定せず、宗教団体が自治的に定めることとしたが、管長の人事は文部大臣の認可を要することになった。

法案は貴族院本会議での可決を経て、衆議院本会議でも三月二三日に可決されて成立、四月八日に公布、翌年四月一日から施行された。三度の否決、廃案を経て、ようやく宗教団体法が成立・施行されることとなったわけだが、宗教教師規定や税の免除などで宗教団体側への配慮も見せつつ、文部大臣が宗教団体に対して大きな監督権を有する法律となっている。

2　知識人の反応

「文化的意味」の強調

公法学者で関西大学法文学部教授の中谷敬壽《なかたによしとし》は、『公法雑誌』一九三九年七月号に寄せた論文「宗教団体法について」で、「宗教自由の文化的意味」について強調した上で、宗教団体法に賛成している。

「信教の自由」はいかなる「文化的意味」を有するのか、と問う中谷は、宗教は「伝統」と「個性」があわさって成立するが、その「伝統」は「その国固有の伝統」であるとした上で、近代国家において認められる「信教の自由」には「文化的意味」があり、それは単に「個人的自由」を指すだけでなく、国家がその目的を達成するために必要な「文化の発展」のために認められたものだと解釈する。

中谷は、「通説」であり「行政的見解」であった神社非宗教論が「間接的」に同法によって確認され、いかなる宗教でも、「国家の宗祀」である神社の崇敬と抵触・矛盾することは許されず、神社は同法の適用外であることを強調した上で、同法が憲法二八条の原則のもとに「公認教主義」を採用し、宗教団体を公認して「保護」を与え、「安寧秩序」を妨げ、「臣民たるの義務」に背く場合のみ、取り締まる態度を示していると評価した。

同法により、宗教に対する根本的法規の整備確立という多年の懸案が解決されたとする中谷は、これによって宗教団体の「健全なる発達」と「教化機能の増進」が期待されると評価した上で、為政者、宗教家、そして国民自身が、「信教の自由」の持つ「真の文化的意味」を理解し、同法に「充分なる生命」を与えることが、「国民精神の作興」を必要とする現下の非常時局において意義深いと力説している。

「信教の自由」には、個人の自由という私的な側面と、国家の目的遂行のための「文化の発展」に貢献するという公的な面があり、非常時局下にあって、特に後者の意味を強調して、戦争の遂行という国家目標への自主的貢献を求めたものであった。強い監督権限を警戒し、これに反対してきたこれまでの知識人の思想潮流は、後景に退いている。

監督権限の範囲をめぐって

行政法学者で東京帝国大学法学部教授の杉村章三郎《すぎむらしょうざぶろう》は、『国家学会雑誌』一九三九年五月号に掲載された論文「宗教団体法制定の意義」において、中谷と同様、神社問題に言及し、政府は一貫して神社神道を教派神道とは異なる「国の宗祀」として、国民が「誠《まこと》」を尽くして崇拝し、「惟神《かんながら》の道」を遵奉《じゅんぽう》するよう求め、このために宗教団体法の適用外となっている点に注目する。

これを「当然」だとする杉村は、国民精神の指導という目的を共有しつつも、神社行政と宗教行政が異なる行政組織によって担われている点も、その根拠となると述べた。

同法と「信教の自由」との関係について、政府は宗教の異同を問わず、信仰の「内部」には立ち入って干渉しないとの態度を示し、その「外部」に現れた行為についてのみ、「安寧秩序」と「臣民の義務」に背かないよう監督するとしている点を指摘した上で、杉村は同法が第一次宗教団体法案より「行政官庁の干与を広汎としたこと」に注目する。

宗教団体の認可制、管長人事の認可制、宗教団体の合併・解散の認可、設立認可の取り消しなどが「監督官庁に認められた権限」で、設立認可にあたっては、教義の大要や宣布に関する事項を含む規則を定める以上、行政官庁が「宗教の内容自体を審査」することになるのは当然だと杉村は述べ、これは「信教の自由」と関連することは疑いないとした上で、それが「合理化」されるかを問うた。

杉村は、憲法二八条は「無制限の自由」を認めてはおらず、「安寧秩序」を妨げず「臣民たるの義務」に背かない範囲内で自由を認めたに過ぎず、この条件に合致しない宗教に干渉することは認められ、それは教義が「安寧秩序」を害する宗教団体を認可しない干渉を含むという。これまでの各種宗教関連法令でも、官庁の認可権・監督権は長らく認められており、こうした「行政実例」は憲法二八条も慣習法として許容してきたとされる。

その上で杉村は、宗教団体法による政府の監督権限が「範囲を逸脱したもの」とは断定できず、「此の程度の関与を以て官庁の権限の正当な範囲を逸脱するものではない」と評価した上で、「行政権の運用」に関して、「極めて慎重ならんことを希望」している。

宗教団体法の内容に踏み込んで、その強い行政監督権限の合理性を主張しつつ、慎重な運用を求めたわけである。

田上穣治の問題提起

法学者の間では、このように宗教団体法の監督権限を是認する論調が支配的だったが、それに違和感を唱える論者もいた。公法学者で東京商科大学商学部助教授だった田上穣治《たがみじょうじ》が、その一人である。

東京帝大で美濃部達吉に師事したクリスチャンの田上は、『法学新報』一九四〇年三月号に寄せた論文「宗教団体法に関する若干の問題」において、まず、神社問題について問題提起した。神社神道は教派神道と異なって、国民が崇敬することが当然とされ、宗教ではなく「臣民たるの義務」に包含されると述べた上で、田上は神社が法制上「営造物法人《えいぞうぶつほうじん》」であるにもかかわらず、その設立が内務省令に依る点を問題視し、これは「憲法の立法権に関する原則」に反するという。

田上穣治

憲法が議会に立法権の協賛を定めている以上、宗教団体法と同様、神社にも神社法を制定し、あくまで法律によって設立させるべきだという主張である。

田上は神社法については他の機会に論じるとして、論文の焦点を「信教の自由」の観点から宗教団体法を論じることにあて、憲法二八条は「信仰の自由」と「宗教的行為」、および「宗教的結社」の自由を保障しているという美濃部的解釈を展開した上で、宗教結社は一般の結社以上の取り締まりを受けない自由を保証されている以上、これを認可制とせず届出制とした同法を「正当」と評価する。

その上で田上は、同法制定の目的は「淫祠邪教」の撲滅にあるが、「一切の宗教行為」を同法によって取り締まることができると考えるのは「大なる誤」であり、「信教の自由」には、自己の信仰を発表し、出版する自由が含まれると強調する。

宗教結社は、その管理・規律について「自治権」が認められなければならないとする田上は、国家が宗教結社の内部に干渉するのは「違法」だと指摘し、結社の代表者や布教者の選任について国家の干渉を受けるべきではないという。

美濃部の憲法解釈を継承しつつ、宗教結社に対する行政機関の干渉を牽制する論文であった。

憲法学説の推移

第一次宗教団体法案を最終的に挫折させるにいたった憲法学説論争だが、この頃、「信教の自由」に関する学説はどのように唱えられていたのだろうか。

いずれも東京帝国大学法学部教授の我妻栄（民法学者）・横田喜三郎《よこたきさぶろう》（国際法学者）・宮沢俊義《みやざわとしよし》（憲法学者）が編輯《へんしゅう》代表を務めた『岩波法律学小辞典』（岩波書店、一九三七年）の「信教の自由」の項には、憲法二八条は「安寧秩序」を妨げず「臣民たるの義務」に背かない限りにおいて、その享有を保障しており、ほかの自由権は法律で制限されるのに対して、「信教の自由」は法律でも制限できず、「宗教的思想発表の自由」、「宗教的礼拝集会の自由」、「宗教的結社の自由」、「宗教的選択・変更の自由」、「無宗教の自由」などを包含するとしている。

古神道（神社）との関係については、古神道はその伝統的な意義に基づいて「一般の宗教」とは異なった取り扱いを受け、法律上・行政上は宗教ではないものとされ、「信教の自由」は古神道を除いた宗教についてのみ認められていると解説した。「宗教法」の項では、「我国法」は政教分離を原則としているが、古神道については「形式的」に「一般宗教の外」に置いて「特別の取扱」をするとした上で、従来、教派神道と仏教については「多少公認教的取扱」をしてきたという。

美濃部的解釈がこの頃に定説として定着するとともに、神社の取り扱いも、政府見解や行政実務と矛盾のない解釈が施されていたと考えてよかろう。

では、宗教と神社とが衝突する場合は、どうか。宮沢はこの点について、宗教団体法施行後の一九四二年に刊行した『憲法略説』（岩波書店）で、同法が宗教から神社を除外していることを踏まえ、神社は「国教的地位」を占めており、「信教の自由」は「伝統の基礎」と両立する「限度」においてのみ認められると記している。宮沢は戦後もこうした解釈をとり、それが現在の通説的な明治憲法二八条理解に継承されていく。

宮沢の師である美濃部自身はもともと、神社神道を「国教」としつつ、国家はその信仰を国民に強制することはできないとの立場をとっていた。一九三〇年五月二〇・二二日付の『中外日報《ちゅうがいにっぽう》』に発表した「神社の性質と信教の自由」で美濃部は、「神社神道」は「国家的の宗教」であり、かつ「帝国の国教」であって他宗教とは異なる位置にあると述べつつ、憲法二八条によって

「信教の自由」が保障されているため、「神道の信仰」を国民に強制することはできず、それは「憲法違反」だと述べている。

しかし天皇機関説事件を経て、美濃部はこの立場をやや変化させた。天皇機関説とは、統治権を総攬《そうらん》する国家の機関として天皇を捉え、統治権そのものは法人としての国家にあり、天皇大権《てんのうたいけん》も憲法の枠内に収められると解釈したものである。一九三五年にその主唱者であった美濃部が貴族院議員であったこともあり、議会で機関説は国体に背くものだと追及され、美濃部は議員を辞職、その著書は発禁処分となり、政府は機関説を否定する国体明徴声明を発表した。

宗教団体法施行の二週間後に刊行された『日本行政法』下巻（有斐閣）で美濃部は、神社祭祀を「国教」とし、神社の崇敬やこれに不敬行為をとらないことを「臣民としての当然の義務」だと述べ、これを否定することは憲法二八条の「臣民たるの義務」に背くとしているが、決して他宗教は排斥されるものではなく、神社への「信仰」を「強要」することはできないとして、国教の強要を否定した『憲法義解』を引用している。

天皇機関説事件と宗教団体法の成立・施行は、宮沢・美濃部の学説形成に重要な役割を果たしており、実際に同法案の議会審議では、神社の「超越」的地位を確認する質疑が重ねられることになる。

3　宗教界の反応

「興亜」への道

仏教学者の土屋詮教《つちやせんきょう》が「信教自由の意義」と題して東京帝国大学仏教青年会で行った講演録が、一九三九年に同会から刊行された同会編『仏教思想講座』第三輯に収録されている。

土屋は憲法二八条について、個人の信仰は自由だが、その信仰が外部に現れた礼拝、儀式、布教、演説、集会、結社などは、国家が取り締まるのが当然であり、その根拠となる法律が立憲的に定められなければならないとして、国家は法により、「信仰行為」に「完全に制裁」を加えなければならないと説く。

すべての国民が報恩感謝と国家の隆盛を祈念するために神祇を崇敬するように、神祇は「国民道徳」の根本として宗教からは超然としており、「信教自由」はどこまでも「国体」と衝突しない限りにおいて認められると述べる土屋は、その自由の「基準」として宗教団体法を位置付ける。同法では、土屋が唱えてきた「宗教改革論」を構成した三つの要素、すなわち、憲法二八条を基礎とする完全な宗教法の制定、その前提としての各宗派僧侶への参政権の付与、各宗派・寺院の法人化と保護・監督を備えており、土屋は個人とともに法人の自由を保障・制裁する法規を当然とする立場から、これに賛成した。

すでに『日本宗教史』を刊行していた土屋は、同法によって国家が適法な宗教団体を承認し、その宗教は宗教としての価値を有する以上、圧迫や強迫を受けないこと、そして同法が「国民の信仰に共通する標準」を示すことが、『日本宗教史』を書いて「痛切に感じたこと」だという。

非常時局下において、「標準」が出来た以上、国民が信仰を布教して「支那宣撫工作《しなせんぶこうさく》」に取り組み、「政教」が相まって「興亜建設総力戦《こうあけんせつそうりょくせん》」に貢献すべきだと土屋は説き、宗教は「思想戦」の陣頭に立たなければならないと主張した。

安藤正純の声

これまで第二次宗教法案、第一次宗教団体法案に関わり、行政機関の監督権限抑制に尽力してきた安藤正純の態度も、変貌を遂げる。

安藤は一九四三年に刊行した『政界を歩みつゝ』（大智書房）で、宗教団体法の成立を受けて、どの国でも政治と宗教の関係は難しいもので、ヨーロッパでもキリスト教がその文明を興しつつ、国家はキリスト教の問題に悩まされ続けてきたとした上で、日本は幸いにも「神の国」で「惟神大道」を「立国の大本」としており、仏教もこれと一致して民間に普及し、歴代天皇を尊崇して、一般庶民はその恩恵を受けてきたという。

明治以降、神社は宗教ではなく、宗教は自由だが、神社は「惟神の道」であるとして国民一般も崇敬を教えられ、政府も「敬神崇祖」を掲げて、同法案審議の過程でも平沼騏一郎首相はこの点を改めて宣言したとする安藤は、仏教、教派神道、キリスト教は、「宗教団体の本然の機能」を発揮して「国家中心の精神活動」を展開しなければならず、それが同法「立法の精神」だと述べる。

「疑似宗教」の大部分は、迷信を鼓吹して「弱い人心」を狙う「インチキ宗教」だとする安藤は、「淫祠邪教」が多数存在するのは「文明国の恥辱」であり、この「精神的癩病」を撲滅するべく、監督を強化する必要があり、それも同法制定の理由だという。

法案が公布されたのは釈迦の誕生日である四月八日であり、新聞記者に取り巻かれて感想を聞かれた安藤の脳裡には、「四一年の皺《しわ》を伸《の ば》して春麗《はるうら》ら」との一句が浮かび、苦楽をともにしてきた下村寿一などと手を取り合って感泣した。そこには、「敬神崇祖」の念と、非常時局下で国家に貢献しようとする意欲と、「疑似宗教」への警戒感と、悲願達成への満足感があったが、かつて彼を支配していた強い監督権に対する緊張感を読み取ることはできない。

法案成立を目前にした一九三九年二月に『大日《だいにち》』に発表した「宗教団体法問題」でも安藤は、法案が成立したからといって、宗教家が法律に依存し、「国家の保護」に甘んじようとしてはならず、そうした「卑屈な精神」を捨てて、宗教家は自ら敢然として「国民の第一線」に立ち、戦線で活躍奮闘する勇士のように身を挺して「宗教の健全なる発達」と「国家前途」のために茨の道を切り拓かなければならない、と叫んだ。

宗教家には「国民思想」を導く「大覚悟」と「大勇猛心《だいゆうもうしん》」の喚起が必要だとする安藤は、非常時局に際して、「自粛自戒」して、本来の使命のため「一路邁進《いちろまいしん》」することが肝要だと説いている。

「宗教の存在意義」

こうした感覚は、多くの仏教者に共有されていた。法案成立を受けた『六大新報』一九三九年三月二六日号は巻頭に「宗教団体法成立」を掲げ、宗教団体の保護・監督に関する法律の制定は、政府当局と宗教界の多年にわたる要望であり、これまで「不統一不連絡」な法令によって「不便」「不都合」が生じてきただけに、法案成立は「慶賀《けいが》に堪えない」と喜んでいる。

法案は一般の反響と注目を惹き、「非常時」であることもあって、宗教に対する関心を高め、政府の宗教に関する認識を深めたとした上で、同誌は、法案審議を通して、イスラム教問題がさかんに論じられたこともあり、いかに「思想国防」「宗教防共」の意義が重要であるかが認知されたと評価し、これも宗教家として「喜びに堪えない」という。

これを期として、宗教団体としても面目を一新し、「宗教の存在意義」を深めるよう努力しなければならないと同誌は説いている。保護と監督のもと、非常時において積極的に国策に協力していこうという意欲が見てとれよう。

翌月二日号の同誌には蓮生《はすお》勧善《かんぜん》が「宗教団体法と寺院住職」と題する論考を寄せ、宗教団体法成立を歓迎し、一部には仏教をキリスト教や教派神道と同列に扱うべきではないといった意見もあるが、「今日の社会情勢」では仏教のみが「優越特権」を独占することは許されず、憲法二八条を「素直に解釈」して、三教を平等とした立法方針に従うのが穏当だと論じた。

蓮生は、法案成立によって「寺院生活が窮屈」になるという懸念もあり、多少は活動の制約を余儀なくされるだろうが、同法のような「寛大なる法人規定」はほかに例がないとした上で、施行までの間に、寺院規則を整備し、宗制・宗規の改廃、所属不明の仏堂の整理などを進め、政府が境内地を還付した上で免税とする方針であることを踏まえて、境内地の賃貸など、目的外使用と見なされないよう準備する必要性を説いている。

同誌四月九日号に掲載された記事「宗教団体法の解説」でも、寺院境内地の地租が免除される点などを詳しく解説し、免税措置に加えた「保護」として、教派・宗派・教団が法人化される規定が設けられたことを挙げ、これが「財務財政の明朗化」と「教化機能の鋭敏化」につながると期待している。

この記事は、宗教団体の法的組織と財的基盤が確立したとしても、教化活動の第一線に立って、宗教団体の「手」として直接民衆に接するのは教師であり、その素質が問われるとして、教師の資質向上を求め、教師資格を含めて「自治の尊重」を認めた同法を高く評価している。

現場の僧侶としては、施行される同法の恩恵を受け、その体制に具体的に順応していく姿勢が求められることになった。

統制への警戒

宗教界も、ただ諸手をあげて法案成立を望み、これを喜んでいたわけではない。『カトリック』は一九三五年七月号に巻頭言「宗教法案」を掲載し、当時松田文相が取り組んでいた法案作成について、太政官布告以来、「乱雑多岐な宗教関連法規」を整理・統一する必要性は誰もが痛感しているが、宗教は「微妙」で、「心霊的」な事柄に関連するものである以上、やたらに「統制」の名の下に法整備をするのは至難であると述べていた。「信教の自由」を束縛することなく、各宗教の「健実なる使命」を達成させるためには、かなり「デリケート」な関心を寄せる必要があるとしつつ、同誌は、自由の名の下に「功利的目的の達成」を目指し、社会人心を混乱させる「インチキ宗教」が雨後の筍のように生じている現状を憂え、これらは「信教の自由」を冒瀆するものだと批判する。

その意味で、宗教が健全な発達を遂げ、「インチキ宗教」の弊害を防ぐことは重要だが、これまで問題になってきた宗教教師の資格に関しては、「理想的」または「理想に近い」法案が編成されることを同誌は望んだ。

法案発表を受けた同誌は一九三六年一月号の巻頭言「宗教団体法案」で、法案によって「健全なる宗教」が発展できることは、宗教界にとって、また情操教育の向上にとって慶賀すべきことだとし、法案の内容についても、各宗教団体の歴史や伝統、風俗、現状に鑑みて、その本質や真髄を保護しようとする意向が見てとれると評価している。

監督取締規定に関しても、「原則として国家的見地から当然」であると受け止めつつ、監督権の「具体的行使」にあたっては、宗教を十分に理解していない場合に「危険性」があると「憂慮」している。宗教教師規定は宗教団体側に委ねられたため、同誌の希望に沿う形となったが、広汎な監督権については、非常時局下において賛意を示しつつ、なお慎重な運用を求めたわけである。

田川大吉郎の「卑見」

クリスチャンで衆議院議員の田川大吉郎は、一九三九年に刊行した『時事論叢書』第一輯（教文館）で、宗教団体法案には仏教、教派神道、キリスト教ともに賛成しており、その成立が見込まれている理由として、第一に、政府がこれまでの失敗を踏まえて「反対論の根拠」を是認して修正を加えたこと、第二に、政府側の説明によって団体側も法案の趣意や目的を了解したこと、第三に、国家が「能動的」な「統制国家」となる「時勢の変化」が影響していること、の三点を挙げている。

田川は、キリスト教と仏教が神道国教化に反対し、仏教はキリスト教と同等の待遇を嫌ったのに対して、政府が国教を認めず、仏教とキリスト教を同等に扱う方針をとったため、これまで法案が成立しなかったと述べた。また、キリスト教側は政府の取締規定を望まず、アメリカのような「放任自由一切不干渉」を期待して、「団体の取締り法」も「信仰自由の干渉法」と考えてきたため、法案成立に抵抗してきた、と田川は総括している。

今回の法案についても、「一部の有志者」が調査会を開いた際、その「制裁事項」を懸念する声が多かったが、これに対し田川は、強盗や窃盗、賭博《とばく》などを禁じられている刑法を「悪い法律」だとは思ってはいないだろうとして、刑法は「諸君の如き順良の民」を取り締まるのが目的ではなく、「善良」な日常生活を送っていれば刑法と関係することはないと述べ、宗教団体法の制裁規定も同様で、「諸君の如き上品なる、順良なる生活」を送る人々には関係ないと語ったという。

法案の修正を望むとしても、立法技術を持たない以上、何も主張するべきではなく、成立した法律を遵守し、「しくじりのない」ようにすれば問題なく、制裁条項も「無用の空文」になると田川は述べ、「一途」に伝道と教育に励み、日本における「忠良無比《ちゅうりょうむひ》の順民」となるよう求めた。

4　新聞各紙の論調

『東京日日新聞』の牽制

『東京日日新聞』は一九三八年七月一五日付朝刊に社説「宗教団体法案——松田案に比し一段の進歩」を掲げ、信仰に対する国家規制は憲法の精神に反するため、宗教立法は「宗教活動の世俗的側面」のみに限定しなければならないとした上で、「現実の問題」として、宗教団体内部で発生する「悶着《もんちゃく》」に対し、文部省が仲裁・調停に取り組んでおり、これに法的根拠を与え、宗教団体の法律的・経済的関係を明確にすることが、立法の目的であるとする。

その上で同紙は、これまで宗教立法が実現しなかった主な原因は、こうした目的に適わなかったことに加え、「信教の自由」に抵触する「官僚的統制」の意図があるとの「疑惑」を抱かれた点にあるとする。「安寧秩序」を妨げ、「臣民たる義務」に背く宗教的言動を取り締まる法規は欠かせないが、法規により「邪教取締」を宣伝することは、法規を「振り廻して」、「宗教国策」を変化させるのではないか、との危惧も与えかねないという。

これを踏まえて同紙は、既成宗教の「人心感化力」が衰退し、「思想善導」や「国民精神総動員」の役に立たずとも、宗教団体法では改善できず、宗教教師のなかに「危険思想」を抱く者がいたとしても、これを取り締まる法規は別に存在するため、同法の濫用は憲法違反論を刺激するだけだと懸念を示した。

憲法二八条と、これに基づいて政府が宗教に干渉しない「寛容国策」は、宗教的な葛藤から「国運の進展」を解放する上で賢明であり、今後の大陸政策の発展にあたってもなお、「宗教的寛容政策」の伝統を維持することが、他国の民衆からの信頼獲得につながるとして、この政策を動揺させるような「疑惑」を挟ませてはならず、法案も慎重に審議して「無用の摩擦」を生まないよう同紙は提唱した。

同紙は『大阪毎日新聞』とともに不偏不党《ふへんふとう》を標榜する全国紙へと発展しており、国策のために同法を活用しようとする風潮に釘を刺した格好である。

『国民新聞』『東京朝日新聞』『読売新聞』『報知新聞』の期待

『国民新聞』は一九三八年一一月五日付朝刊に「〝健全宗教〟建設への糧――愈々《いよいよ》世に出る宗教

法案」と題する記事を掲げ、盧溝橋《ろこうきょう》事件以降、宗教界は托鉢《たくはつ》や従軍布教などで「聖戦遂行」に協力してきたが、今なお「宗派内の対立抗争」による「醜態」をさらしているため、これを「健全」にする宗教団体法案が「国粋大臣」の荒木によって提出されるとして、これによって宗教界を「廓清」して信者に「法悦」を与えるよう期待を寄せている。

『東京朝日新聞』は一九三八年一一月六日付朝刊に「宗教行政円滑化へ――松田案基礎の宗教団体法案」と題する解説記事を掲載し、宗教団体法は、訴訟を惹起《じやつき》しかねない「混雑不便」な宗教法規を改めて宗教行政実務の円滑化を図り、宗教団体の教化活動を促進して「人心の感化」と「社会風教の是正」、「堅実なる国民精神の涵養」に資することを目的として起案されたと述べた。同紙は、法案は簡素を旨として「融通性」を持たせ、宗教の「本質」や「内容」については「一般の通念」に委ねつつ、宗派の法的地位を明確化し、神道、仏教以外の宗教にも保護・監督を及ぼしたと評し、また寺院・教会の法人格を認めて「活動を確実」なものとし、「疑似宗教」について十分に注意して「矯正」する方針をとり、従来の警察的な取り締まりに加えて、地方長官による「与害の予防」に努めることとしたと評している。

法案成立を受けた『読売新聞』は一九四〇年三月二四日付社説「宗教団体法の成立」で、法案成立を「今期議会における異色の収穫」と評価した上で、同法は「形式的」な論議に止めず、「国策的な大所高所」に立って関心を寄せるべきであるとして、審議過程でイスラム教問題が議論されたことに注意を喚起している。

イスラム教は世界三大宗教の一つであり、約三億人の信徒を有する上に、「反共産主義」を強調して「対日接近」の熱意を示しつつあるとする同紙は、日本が「東亜の盟主」としてアジアに新秩序を建設し、世界的に躍進していくためには、イスラム教徒に関心を払い、「予は回教徒の友なり」と呼号したムッソリーニの「炯眼《けいがん》」に習うべきところが大きいとする。

同紙は、国内において同法の運用を万全なものとしつつ、対外的にも宗教を通じた「躍進的方策」を樹立する必要性を説き、国家が総力を挙げて「興亜の聖業」に尽力している今、「救世教化」の重責を担う宗教家が安逸《あんいつ》を貪ってはならず、「忠勇なる将士」が弾雨のもとで生死を乗り越えて苦闘する日々を見習って、「国家民人」と「東亜永遠の康寧《こうねい》」のために決起しなければならないと呼びかけた。

『報知新聞』は一九三九年一月二〇日付朝刊の論説「宗教団体法案の必要性」で、これまで論争となってきた宗教教師資格は各宗派に一任され、単立教会の設立も認められて、「邪教取締」についても宗教結社規定を設けた上で、検察当局に積極的な取り締まりを委ねるなど、論争となり得る点が極力回避されたと評している。

同紙は、「国家の全体」をあげて「興亜の国策」に邁進する今、宗教界の協力が必要とされ、これを促進するための「宗教団体の統制」は「必然」であるとして、同法案は「時局の線」と不可分であり、政府が「時局の進展」と「宗教界の情勢」に応じて、法案をより「完璧」なものとしていく必要性を主張した。

5　検閲の実態と宗教界の実態

出版規制の実態

この時期は政府による出版物の取り締まりがかなり厳しくなっており、新聞や知識人、宗教者による言説も、あくまで取り締まりを前提としたものである点には、注意しなければならない。宗教団体法に関連して、どの程度の取り締まりが行われていたのか。内務省警保局が作成した『出版警察報』によって確認しておこう。

宗教団体法案が議会で審議された一九三九年一月から三月を含む、同年一月から五月までの取り締まりの実態をまとめた『出版警察報』第一一七号は、全体の傾向として、「支那事変」を「帝国主義的戦争」だと「曲説」したものや、近衛《このえ》内閣の総辞職を国策が行き詰まった結果とみる「臆断」、軍内部の派閥対立や和平工作への「憶測」、出征将兵の家庭内事情の暴露、ドイツおよびイタリアとの友好関係の「阻害」などの記事が目立つとしている。

これを踏まえた新聞の禁止・削除が二三二件、通信記事の禁止・削除が八八件、雑誌の禁止・削除が八一件、単行本の差し押さえと削除が七三件、宣伝印刷物の差し押さえと削除が三六件であった。

宗教団体法に直接関係する処分は、多くはない。例えば、青山原平『宗教団体法案と宗教家の内証話』は、同法案に対する批判と関連して、一般宗教団体の「覚醒」を促すため、「邪教」内の「不良事実」を記述したもので、「筆致興味的《ひっちきょうみてき》」で「卑猥」な点があるとして、二〇ページあまりが削除される処分を受けているが、法案批判というより「風俗」を乱すという意味での削除措置であった。

ただ、宗教について自由に語りにくくなっていたことは事実で、キリスト教雑誌『宗教』三月号が「敬神」の念を叫ぶことについて、その「神」は「天地の神」「宇宙の実在本体に在《まし》ます神」であるべきで、日本だけの神では他国に通用せず、それは「偶像」に過ぎないとする記事を掲載しようとしたが、「我国の敬神観念を誹《ひ》毀《き》」するとして、「安寧削除処分」を受けた。『教報』五月号が、日本を救うのは孔子か釈迦か哲学か道徳か宗教かを問い、「無形の神仏」「無形の神」は日本を救うに足りず、キリストこそが「世界諸国の救主」であり、日本国民の罪と不義を救済するのもキリスト以外にないとする記事を載せようとしたところ、「宗教観念の領域」を逸脱して、「伝統的国民思想」としての「国家観」や「神尊崇の念」を「毀損」する恐れがあるとして、「安寧禁止処分」を受けている。

『宗教』四月号も同様のケースで、日本の「国家的民族宗教」の域を脱しない「古神道」を「指導精神」とするのは理解に苦しむとして、朝鮮で神社参拝を強制したことが反感を買ったことから、「皇室の神々を祀る」ことを「宗教」として「国家の指導精神」とするのは「大なる誤」だとして、キリスト教の排除も「愚の骨頂」だとする記事を掲載しようとした。これも、「古神道」を「歪曲誹謗」し、「国民思想」に悪影響を及ぼすものとして、「安寧禁止処分」となっている。

神社神道の否定やキリスト教の神や救世主に関する主張が、特に取り締まりの対象になっていたのがわかる。キリスト者は特に、その言動に気をつけなければならなかったし、戦争や国策に対する批判的言説にも慎重になる必要があった。

特高警察の観察

こうした取り締まりによって削除されて言論空間から排除され、あるいは修正されて公にされた言説はもとより、取り締まりの実態や非常時の国家総動員体制における「世間の目」を気にして、自主的に削除、あるいは修正した自己検閲も、少なからず行われていたに違いない。

実際のところ、宗教界は宗教団体法をどのように受け止めていたのか。その一端を、内務省警保局保安課のもとにあった特別高等警察の観察からうかがってみたい。

一九四〇年四月に保安課が作成した『特高月報《とっこうげっぽう》』には、「宗教団体法施行に伴う宗教界の動向」と題する一節がある。これによると、届出制度の導入に伴い、「紛議論争」が起きることが予想されたが、文部省および各府県社寺課の「事前工作」によって「格別の問題」は「表面化」しておらず、生長《せいちょう》の家や全日本真理運動、大日本霊友会なども所定期間内に届出手続きを済ませたという。

宗教団体法の施行は「一応順調」に進捗し、「表面的」には「宗教警察上」の要注意事象もみられないとされており、このあたりは、公にされた宗教者たちの言説とも符合する。

他方で保安課は、「宗教界の一部」には、依然として「自由主義的思想信仰」に基づいて、同法を「信教の自由」を制限した「憲法違反の法律」だと批判し、宗教を絶対とする「独善的妄想」から、宗教は「国家権力の埒外」から超然として国家社会を指導すべきであるにもかかわらず、国家が同法によって強力な「干渉監督」を加えるようとしているのは、宗教の本質を理解しない「暴挙」であるといった「不穏当なる意向考察」が「相当広範囲」にわたって「底流」していると述べている。

このあたりが、検閲によって表面化することのなかった、宗教界の実態に近いものであろう。これを踏まえて保安課は、警察は治安に害があれば、その団体の「認諾」の有無を問わず、「必要なる措置」をとるのが当然で、宗教団体法施行によってもその方針は変わらないが、一般大衆が宗教によって「不測の禍害」を蒙《こうむ》る懸念があるため、宗教の「言動」に「相当留意」する必要があると結論している。

6　宗教制度調査会・帝国議会での審議

認可権をめぐって

宗教団体法について、貴族院では柳原義光を委員長とする特別委員会が設置されて、小委員会を含めて計一八回審議されたが、大きな修正は施されておらず、本会議での可決を経て衆議院回付後も安藤正純を委員長として特別委員会が設置され、一六回審議されているが、貴族院送付案通り可決され、本会議でも委員長報告通り可決されている。

このため、法案の実質的な審議は一九三八年に開催された宗教制度調査会で行われており、その審議概要が、衆議院調査部がまとめた『宗教団体法案調査資料（調査資料第二七輯）』（一九三九年）に掲載されている。以下、これによって調査会での審議の論点を確認しておきたい。

まず、認可制度についてだが、田所美治（貴族院勅選議員／元文部次官）が、法案は認可を受けた宗教団体を対象とするものだが、教義の大要や宣布、儀式の執行に関する事項を認可条件とする以上、「信教自由」の立場から、あえて認可を受けようとしない場合が想定されるとして、これらへの対応を文部省に問うた。

松尾長造《まつおちょうぞう》・文部省宗教局長はこれについて、教規宗制に教義の大要や儀式などについて記載しないと、社団法人が定款を定めていないのと同様で、「画竜点睛《がりようてんせい》」を欠くことになり、「安寧秩序」を妨げ、「臣民たるの義務」に反するかを確認するためにも記載は必要であると応じた。教義などの変更も許可を要するが、変更自体があり得ないと想定しているため、宗教団体側に不都合はなく、法案はあらゆる宗教団体・結社を対象とするとも述べている。

千秋季隆《せんしゆうすえたか》（貴族院男爵議員／熱田神宮大宮司家《あつたじんぐうだいぐうじけ》）が教派、宗派、教会の認可基準について問うと、松尾は「貧弱」な教派が乱立する弊害を防ぐため、誰もが「合点」が行くよう資料を集めて審査すると回答した。富田満《とみたみつる》（日本基督教連盟議長）が教団設立に際して提出する教団規則は「添付書類」に止めてほしいと要望すると、松尾は「篤と考慮する」と述べたが、結局必須書類となった。

富田は、宗教団体や教師が「安寧秩序」や「風俗」を害し、「臣民たるの義務」に背く場合、主務大臣が儀式を制限・禁止、教師の業務を停止できるとした第一六条、宗教団体やその「機関の職に在る者」が法令などに違反した場合、主務大臣が解任できるとした第一七条について、「自治の精神」を破壊するのではないかと懸念を示した。

これに対して松尾は、「宗教団体の首脳者」が法令を知らずに違反をした場合、自らを解任できず、後任者を選任できない場合もあるとした上で、実質的な管長の選任は自治に委ね、文部大臣は法令違反を修正するよう「事務取り扱い」を申し入れるだけで、「濫用」はしないと理解を求めている。

宗教教師資格、「疑似宗教」について

宗教教師の資格から学歴を削除したのは、宗教団体に任せるつもりか、学力は不要と考えたためか、増山顕珠《ますやまけんじゅ》（浄土真宗本願寺派僧侶）が質問すると、松尾は学力を期待することに変わりはないが、一律に規定することが困難なため、各団体の教規や宗制に譲ったと回答している。

「疑似宗教」についてどう取り締まるかについて、野村嘉六《のむらかろく》（衆議院議員／立憲民政党）が問うたところ、荒木は、従来は内務省が結社について取り締まってきたが、法案に基づいて宗教について取り締まるにあたっては、事前に教義について報告させ、事後的に解散を命じることは「信仰及人心」に大きな影響を及ぼすため、事前に「察知」して誤った方向に行かないよう「是正」していくと述べている。

木邊孝慈《きべこうじ》（浄土真宗木辺派《きべは》法主）が、疑わしい団体が絶対に生まれ得ないようにする条項を盛り込むよう求めると、松尾は、現行の規程で結社の取り締まりについて届出制を採用し、書類への記載事項も明文化してあり、これで「十分の監督」が可能で、罰則規定もあるため、取締指導を徹底したいと応じた。

加藤知正《かとうちせい》（衆議院議員／立憲政友会）は、宗教は「国民思想の統一」の上で、なるべく多すぎない方がよく、結社を認めると「疑似宗教」が続出すると懸念を示すと、松尾は、憲法上「信教の自由」が認められている以上、すべての新興宗教を禁止することは「多くの障碍《しょうがい》」があり、取り締まりを厳重にしつつ、「信教の自由」に沿いたいと答えた。

田所も新興宗教の弊害を強調して、届出ではなく許可制とすべきだと提案したが、松尾は、宗教結社には国家に「非常な貢献」をする「萌芽」である場合もあり、それには「適当に指導」する必要があり、認可制とすると不認可となった際に「びっくり」するか「悪智恵」を出して「地下」活動に及ぶ懸念があるため、届出制としていると理解を求めた。

委員側からは、監督権限の是非についての若干の問題提起がされたものの、宗教関係者には監督権限が「信教の自由」に抵触するか否か、といった従来の論点への問題意識が希薄で、第一次宗教団体法案審議に参加した田所にも、「信仰の自由」に固執した昔日の面影はうかがえない。

質問の多くは、届出制度や「疑似宗教」取り締まりの実効可能性について問うものであり、文部省側は原案の理解を求めることに終始し、委員側の要望に応じて取り締まりを強化しすぎ、「信教の自由」を侵害したくないと回答する場面さえみられた。特に、文部省側が「結社」の自由に固執し、その国家的貢献に期待する姿勢を示した点は注目されよう。

神社問題とイスラム教問題

調査会ではあまり論点とならなかったが、議会で論議となったのが、神社問題とイスラム教問題である。

一九三九年一月二五日の貴族院宗教団体法案特別委員会で、大河内輝耕《おおこうちきこう》（子爵議員／元大蔵官僚）が、神社参拝しない者は許されないとして、法律上も看過できないのではないかと問うと、荒木は、神社は「国の宗祀」であり、どんな「宗教」に帰依していても参拝しなければならないと信じており、これに背く「宗教団体」や「宗教結社」は「帝国臣民としての本義」に背くものとして認められないと答えた。松尾も神社参拝の拒否は明らかに「安寧秩序」を乱し、公益を害することになるため、同法によって「律」していきたいと述べている。

翌日の同委員会で大河内は改めて、「臣民の義務に反する行為」として「尊信《そんしん》すべき神社に対して礼を欠く」「礼拝すべきものに礼拝をしない」といった例を挙げ、これに対して「制裁」を加える法律があるかどうか不明瞭だという趣旨の質問をした。

これに対し松尾は、神社参拝は「帝国臣民の当然の責務」だが、それは法律上の「義務」というより「道徳上」の務めであると回答し、荒木は、神社を参拝しないことに対する「制裁」はなく、国民は「道徳上の責任」を尽くし、度を超えた行動や意思表示があれば、不敬罪などを適用すると答えている。

塚本清治《つかもとせいじ》（勅選議員／元内務次官）が、神社という「信仰」を許さない宗教はないのか、教義として神社を認めていない信仰は、勅使や奉幣使を勤めることになる官吏にとって差し支えがあるのではないか問うたところ、荒木は、神社は「国家の宗祀」として「敬神崇祖」を基礎に設立されたもので、「宗教の圏外」にあり、神社を教義上認めない場合は、憲法二八条に基づいて「信教の上の制限」を加えなければならないと信じていると回答している。

こうした答弁を通じて、教義や儀式、行事が「安寧秩序」や「臣民たるの義務」に背く場合は主務大臣が制限、禁止、業務の停止ができるといった第一六条、宗教団体やその「機関の職に在る者」、教師が法令違反や「公益」などを害する行為をした場合は主務大臣が解任・業務停止などができるとした第一七条の具体的な適用基準として、神社・神社参拝の否定が位置付けられたわけである。

二月一八日、貴族院本会議で柳原義光・特別委員長が委員会の審議経過・結果を報告すると、土方寧《ひじかたやすし》（勅選議員／東京帝国大学名誉教授）が演壇に立ち、法案では世界三大宗教の一つであるイスラム教が明文化されていない点を問題視して、日本国内の信者は少ないものの、満洲や中国西北地方など、ロシアとの国境地帯には多くの「回教信者」がおり、彼らは「共産党反対」であり、「我々と同志の者」であるため、「今度の聖戦」の眼目である「防共」のためにも、「同志」から「悪感情」を抱かれることは避けたいとして、代々木にある礼拝堂の取り扱いを含めた、政府の認識を問うた。

荒木はこれに対し、国内のイスラム教徒が少ないため、法案には神道、仏教、キリスト教と並べて書かなかったものの、イスラム教は第一条に定める「其の他の宗教の教団」に含まれ、同教の活動に伴い、届け出などによって対応するつもりだと回答した。当分の間は結社として扱い、法人化も視野に入れているという。大蔵大臣の石渡荘太《いしわたそうた》郎《ろう》も、宗教団体法に基づく法人格の付与後、礼拝堂の敷地を免租とする予定だと答弁した。土方が、イスラム教を法文上明示しないことは「差別」や「蔑視」ではないのか確認を求めると、荒木は、「差別待遇」をしているわけではないと述べ、土方も満足の意を表明している。

その後質問に立った山岡萬之《やまおかまんの》助《すけ》（勅選議員／元司法官僚）は、法案は宗教団体、宗教について規定していて「神社」には触れていないが、ここからは「神社は宗教に非ざる」という解釈ができると述べ、「神社」は「国体」と一体不可分で、国民総てが崇敬しなければならないため、宗教に「超越」しているのは明らかだと述べた。山岡は、「神社の本質」からみて、「公法人」であることは学説・実務上一致した見解であり、神社と宗教とは全く異なる存在で、宗教は「私法人」である点を強調している。

その上で山岡は、宗教団体法は非常時局下で東亜新秩序の建設に貢献するところが大きく、宗教の「根本制度」が樹立される以上、文部当局は宗教家と一体となり、法律に「十分なる生命」を与えて活用し、宗教側も精神生活の向上に努めるよう希望し、法案の速やかな成立を期待して、演説を終えた。

二月二三日の衆議院本会議で平沼首相は、「惟神の道」は絶対であり、国民総《すべ》てが遵奉しなければならず、これに抵触する宗教は許されないとして、日本では「惟神の道」を宗教とせず、「宗教の上に超越」したものとして法制上位置付けていると述べ、拍手を受けた。宗教団体法の対象とする仏教、教派神道、キリスト教は一定の教義を有し、それに基づく信仰と宣布の方法、儀式を備えた宗教で、「惟神の道」とは取り扱いを異にしていると平沼は言明している。

イスラム教については、衆議院の宗教団体法委員会でも取り上げられ、委員会の大勢は「宗教結社」として取り扱うことに不満だったが、文部省側が単立教会として認める姿勢を示すと態度を軟化させ、一時は法案の修正も検討されたものの、貴族院が応じずに法案が不成立になることを回避して、妥協するにいたった。

委員の北昤吉《きたれいきち》（立憲民政党）は『祖国』一九三九年五月号に寄せた「宗教団体法と回教問題」

でこの経緯を記し、文部省の同教認識が甘く、「対支工作」や「東亜の新秩序」建設が危ぶまれるとして、その「差別的」姿勢を厳しく批判している。

こうした感情を慮ってか、三月二三日の衆議院本会議で平沼は、アジア大陸にはイスラム教徒が大きな勢力を占めており、政府として将来、「大いに意を用いたい所存」であり、憲法二八条はイスラム教にも適用され、宗教団体法案成立後は同教も「適正なる監督と相当の保護」を受ける点は議論の余地がないと確認して、拍手を受けた。

第一次宗教団体法案の審議過程で、神社が同法案の適用を受けないという認識が共有されつつあったが、第二次宗教団体法案に至って、そのことが神社非宗教論を確認したものとして受容され、宗教団体法をもって、文部省が宗教家と一体となって東亜新秩序建設に向かうことを、議会として後押しする格好となったのである。言論空間もまた、それに同調していた。

第六章
自由・自治・自主の実現に向けて——宗教法人令・宗教法人法への転換

1　人権指令と神道指令の発令

神道指令発令の経緯と目的

太平洋戦争終結後、日本を占領した連合国軍は、「信教の自由」と「政教分離」、「軍国主義的」または「極端な国家主義的」な思想の除去を原則として、統治に臨んだ。

一九四五年（昭和二〇年）一〇月四日には「政治的、社会的及宗教的自由に対する制限除去の件」、いわゆる「人権指令」が発令され、思想、宗教、集会、言論の自由などの基本的人権に対する制限を除去するよう命じ、治安維持法とともに宗教団体法の廃止が示された。

一〇月六日、アメリカ国務省極東部長のジョン・C・ヴィンセントがアメリカ国内向けのラジオ放送で、神道は日本の国民各自の宗教である限り干渉すべきではないものの、日本政府が指導し、強制した神道は廃止されるだろうと述べ、国民も神道を維持するために課税されることを欲しないだろうし、神道主義の諸学校を残す余地もないと語った。

これについて連合国軍最高司令官総司令部（GHQ）が国務省に真意を照会したところ、ジェームズ・F・バーンズ国務長官がヴィンセントの発言を補足する形で、「国教」としての神道、「国家神道」は廃止され、「軍国主義的」および「超国家主義的」イデオロギーの弘布《こうふ》は、どんな形式であっても禁止され、日本政府が神道施設に対する財政的その他の支援を停止するよう要求される見込みを伝えた。

これらを受けて、GHQ民間情報教育局内で神道に関する指令の構想・起案が進められ、在日経験のある宗教課長のウィリアム・K・バンスが実務責任者となって、岸本英夫《きしもとひでお》・東京帝国大学文学部助教授（宗教学者）から神道に関する個人講義を受けながら神道研究を進め、「神道国教主義」の根絶を目指して、新たな指令案を起草していくことになる。

こうして一二月一五日、「国家神道、神社神道に対する政府の保証、支援、保全、監督並に弘布の廃止に関する件」、いわゆる「神道指令《しんとうしれい》」が発令された。この指令は、国家が指定した宗教や祭式に対する信仰の強制から日本を解放するため、戦争犯罪や敗北、苦悩、困窮、現在の窮状を招来したイデオロギーに対する強制的・財政的援助から生じる日本国民の経済的負担を取り除くことを目的の一つに掲げている。

さらに、神道の教理や信仰を歪曲して、日本国民を欺いて侵略戦争へ誘導するために意図された「軍国主義的」、「過激なる国家主義的」の宣伝に利用することを防止し、再教育によって国民生活を更新して、「永久の平和」と「民主主義の理想」を基礎とした「新日本建設」を実現する計画について、日本国民を援助することを目的に掲げた。

同指令は「国家神道」という用語について、教派神道と区別された神道の一派（神社神道）として一般に知られ、「非宗教的なる国家祭祀」として類別されたものを指すと定義し、神社の国家管理制度の撤廃を命じている。

神道指令の内容と背景

神道指令は具体的に、国や地方公共団体による供進金《きょうしんきん》、神社祭祀令、供進使の参向、神祇院（内務省神社局の後身）や地方祭務官を廃止、官公立学校等での神官、神職養成、神道教授などを禁止したほか、神官・神職の官吏および官吏待遇の禁止、公の機関や建物での神棚等の除去、官公吏の新任奉告《ほうこく》、儀式、行事等への参列禁止、神道の教義、祭式における「軍国主義的」、過激な「国家主義的」イデオロギーの宣伝禁止、『国体の本義』や『臣民の道』などの頒布や公文書における「大東亜戦争」「八紘一宇《はっこういちう》」の用語使用禁止、信仰による差別待遇の禁止、などを定めている。

その上で同司令は、神社神道は国家から分離され、「軍国主義的」ないし「過激なる国家主義的」要素を剝奪された後、その信奉者が望む場合は、「一宗教」として認められるだろうとし、その際には個人の宗教・哲学である限りにおいて、他宗教と同様の保護を許容されるであろう、との展望を示した。

「国家神道」に限らず、同指令は宗教と国家とを分離することを志向し、宗教を政治目的に「誤用」することを防止し、機会と保護において同様の権利を有する宗教、信仰、信条を同じ法的根拠の上に立たせることを目的とし、他宗教についても政府と「特殊の関係」を持つことを禁止し、「軍国主義的」ないし「過激なる国家主義的」イデオロギーの宣伝、弘布を禁止すると述べている。

連合国には、「国家神道」が「軍国主義・超国家主義」の主たる源泉であるとの認識があり、一九四四年には国務省極東地域委員会が「日本・信教の自由」と題する文書を作成し、「極めて戦闘的な国家主義を礼賛する国家神道」が、太平洋地域と世界平和の脅威の源泉であると述べ、伊勢神宮など古代からの「宗教的神社」には「国家主義の象徴」が上張りされているとしていた。また、靖国神社、明治神宮、乃木《のぎ》神社、東郷《とうごう》神社など「国家的英雄を祀る近代の神社」は、「我々」の概念にある「宗教信仰」の場ではなく、「国家主義的」「軍国主義的」英雄を顕彰し、「戦闘的な国家主義精神」を涵養するための「国家主義神社」だと断じている。

同文書はこうした認識を踏まえ、地方の守護神を祀った地方の祭りの場としての神社は、「破壊活動」に用いられている場合を除いて存続させるが、靖国神社などについては、日本政府が「宗教ではない」と説明している以上、「信教の自由」の原則を犯すことなく閉鎖できると述べ、具体的な禁止措置を勧告していた。

岸本はのちに、連合国側は「国家神道の力」を過大評価しており、自らが描きだした「国家神道の幻影」におびえていたと回顧している。占領政策において「国家神道」の廃止問題は軍備解体と同レベルの重要問題とされており、「国家神道」をそのままにしておけば、軍備を解体しても「軍国主義」が復活し、連合国に復讐するようになると欧米人は考えていたという。

同時に、GHQは神道を「宗教」と考えており、「信教の自由」を重んじる「良心的」立場から、神道をつぶしたくても、その自由を犯すことはできないというジレンマに陥っていたとする岸本は、神道指令について、「近代的な信教自由」を基調として、神道が宗教として生きていく道を残しつつ、神道が「偏狭な国家主義」と結びつき、「軍国主義的な運動の道具」になることを厳格に禁じたものと受け取った（岸本英夫「嵐の中の神社神道」）。

神道指令発令を受けて

連合国は、神道指令に違反する事実があった場合、日本政府に指令を出すなどして、その履行を要求し、政府は指令の条項に対してとった措置について、一九四六年三月一五日までにGHQに報告する義務を課された。

これを受けて政府は、同年二月二日に神社神道に関する法令を改廃し、宗教法人令（後述）を改正して、神宮や神社が宗教法人となりうる道を作っている。これにより、全国にあった約一一万の神社のうち、九万余りが宗教法人となった。翌日には神社本庁が設立されて多くの神社が所属し、戦後の神社制度の枠組みが構築されている。

神道指令を受けた岸本は、「神社人」をはじめとする人々が指令に「絶望」することなく、「新しい進路」を探し求めれば生きていけると理解させようとし、バンスも同じ考えだったという。

その岸本にとって神社の宗教法人化と神社本庁の設立は、「新生の第一歩」と位置付けられるものであり、神社界（大日本神祇会《だいにほんじんぎかい》、皇典講究所《こうてんこうきゅうじょ》、神宮奉斎会《じんぐうほうさいかい》）の首脳は早い段階から民間団体化が避けられないと見通し、ＧＨＱの動向を注視しながら、内務省や外務省、宮内省と交渉して神社を民間法人として自立させることに尽力したとして、彼らの手腕・力量を高く評価している（前掲「嵐の中の神社神道」）。

バンスは『日本週報』一九四七年二月二日号に掲載された「アメリカの対日宗教政策」と題するインタビューで、「政治と宗教」の徹底的な分離を唱え、政府が特定の宗教を援助すれば、その宗教団体は政府に依存・迎合して「本質」を失うことになるとした上で、「軍国主義的」な要素をなくした神道は他宗教と同様に取り扱われると述べている。「国家神道」の問題点は、「領土拡張」の思想的基盤となり、政府がこれを利用した点にあり、神道が政治と分離すれば、宗教としての神道を圧迫する考えはないと強調している。

神道指令に違反する事実に対して文部省は通達を出して改善を求めているが、例えば、町内会や部落会を通じて神社への奉納金や寄附金、祭礼費を集めたり、町内会や部落会の経費から神社の祭典費や寄附金などを支出したり、公的施設の竣工式を神道式で実施し、そこに公職者が公の資格で参加したり、といった違反事例があり、ＧＨＱもこうした行為を指令違反として適切な措置をとるよう指令している。

このほか、戦没者の葬儀や慰霊祭、追弔会を国や地方公共団体が宗教儀式として行うことも指令違反であったため、一九四六年一一月一日に内務次官・文部次官連名で「公葬等について」との通牒が出され、文民の功労者や殉職者に対しては宗教的儀式を伴わない「慰霊式」を行うよう命じ、戦没者に対する葬儀や儀式を地方公共団体が主催・援助することなどを禁じ、戦没者の葬儀・儀式・遺骨の出迎えに教師が児童や生徒を引率して参加することや、一般に参加を強制することなども禁止した。

財政面でも、国有地を社寺境内地などとして無償で貸し付けていた制度が改められ、政教分離がはかられることとなった。

2　宗教法人令の公布・施行

法人令の起案と内容

人権指令によって宗教団体法が廃止されることになったものの、同法が廃止されると同法によって認可された約八万の法人が解散となり、清算手続きを行うこととなるため、すぐに同法を廃止するわけにはいかなかった。

こうして、既存の宗教法人の財産保全や新たに宗教法人となろうとするものへの対応のため、日本政府側が連合国側に了解を求めて法令作成に着手し、連合国側との調整が行われ、一九四五年一一月末には、おおよその合意が得られた。文部省が教派・宗派・教団などの代表者約七〇名に草案を示して意見を募ったところ、法人設立手続きの簡素化は「迷信邪教」をはびこらせるのではないかといった懸念が出されたものの、大多数は好意的に受け止めて賛意を示した。

一九四五年一二月二八日、勅令によって宗教団体法が廃止されて宗教法人令が公布され、即日施行される。

宗教法人令は、教派・宗派・教団・寺院・教会が法人となりうるとし、宗教法人の自治規則類を「規則」に統一、宗教団体の代表者名も「主管者」として、法人の設立は認可制とはせず、規則を作成して設立を「登記」することを条件とし、主務官庁には事後に届け出るのみとなった。規則の変更は自由となり、重要財産の処分や借財、法人の解散や合併にも認可は必要なく、法令違反や公益侵害などの際に法人を解散させる権限は、裁判所に付与された。免税措置などの特典は、宗教団体法の規定がほぼ維持され、罰則は過料のみで刑罰は排除された。

宗教法人制度の簡素化、自由化、自主化を志向するもので、主務官庁の認可制が届出制となり、裁判所が解散命令権をもった点などが、大きな変化である。

3　宗教団体法の施行状況

認可権の行使

連合国は宗教団体法の規制面に着目して、その廃止を命じたわけだが、実際の施行状況はどのようなものだったのだろうか。その一端を垣間見ておきたい。

例えば浄土真宗本願寺派は、認可申請にあたって「宗制」に「真俗二諦《しんぞくにたい》」という文言を用いたところ、文部省が「事前打ち合わせ」のなかで、「王法為本《おうほういほん》」に変更するよう求め、実際にこれが採用されている。

真俗二諦は「真諦《しんたい》」（仏教の真理）と「俗諦《ぞくたい》」（世間の常識）の双方を重んじるものだが、これを、天皇を中心とした国家体制を仏法に優先させる意味を含む、「王法為本」へと変更させるのが文部省側の狙いであったと言われている。

真宗大谷派でも、やはり文部省との「事前打ち合わせ」を経て、「皇上《こうじょう》」を「奉戴《ほうたい》」し、「国法」を守り、「報恩」の「至誠」をもって「天業《てんぎょう》」を「翼賛」し、「国家」に「奉仕」するという宗制を定めた。「王法為本」からさらに踏み込んで、「皇法為本《こうほういほん》」という表現も用いられている。

キリスト教側では日本基督教団《にほんキリストきょうだん》が設立され、教団は「信仰問答」を作成してその信仰・教会理解を示そうと考えて、統理者の富田満と教学局長の村田四郎《むらたしろう》が文部省側に草案を示した。文部省側の意向を察して、草案は、教団の本領は「皇道の道」に則ってキリスト教「立教の本義」に基づき、国民を教化して「皇運《こううん》」を「扶翼《ふよく》」すること、神を信じ、イエス・キリストを救世主として仰ぎ、「臣道」を実践して「皇国」に奉ずるとされた。

これに対し文部省側は、「現人神《あらひとがみ》」である天皇をキリスト教の「神」と「キリスト」の「下」に置くことは「不敬」になるとして、天皇の神聖性を認めるよう求め、キリスト復活の信仰も幼稚で奇怪な迷信だとして除外するよう要求する。

富田らはこれを受け入れることができず、「殉教《じゅんきょう》」も覚悟したが、結局「信仰問答」は幻のままとなり、文部省からは何の連絡もなかったという。

日本基督教団に合同することになるホーリネス系の日本聖教会も認可申請の過程で、「再臨信《さいりんしん》仰《こう》」を含めた同派の「四重の福音」について文部省から文言の修正を求められ、国家を想起させる「王国」の語を削除し、「霊的」な聖書的用語としての「神の国」を用いることになった。

「会衆主義」や「各個教会主義」を遵守してきたバプテスト派も、同法成立後はこれを維持することが困難となり、一九四〇年一月に日本バプテスト基督教団を設立、主事の菅谷仁《すがたにひとし》は「社会教化」の使命を果たして「国体」に恥じないようにしたいと述べているが、同法施行直後には文部省宗務官の相沢一郎介《あいざわいちろうすけ》が同派機関誌で、今後は「全国的」な一つの大教団として、「個々教会」の自治を重んじつつ、「時代」に応じた体制を整えるよう期待を寄せており、教団設立は文部省の意向に答えたものでもあった。日本基督教団設立後、日本バプテスト基督教団はこれに編入されている。

カトリック教会では、認可申請にあたって文部省側がローマ教皇の「支配権」を問題とし、教会をこれから切り離そうと意図している。教会側は教皇の主権は「宗教の範囲」に止まることを強調し、認可にあたっても、国民としての愛国心に基づいて国家に従順な姿勢をとりつつ、「信仰」や「教会法」については教皇に従う旨を表明しているが、結局、司祭などの人事権は「教団統理者」が担い、ローマ教皇庁とは断絶、文部省側の意向に沿う形になった。

文部省が認可権を背景に、教義や教団運営の内部にまで介入していたことがわかる。

治安立法との関係

第一次宗教法案には宗教教師の政治結社加入禁止規定が盛り込まれていたが、これが否決されたため、治安警察法に同規定が盛り込まれることになり、治安警察法は宗教も取り締まりの対象とすることが議会答弁で確認されて、一九〇〇年二月に成立する。

以後、宗教法案、宗教団体法案が長らく整備されなかったことなどもあり、宗教は治安警察法や治安維持法といった治安立法や不敬罪などで規制されることになる。第一次宗教団体法案では届出制が採用されたが、ここにも届け出で結社を把握した上で、宗教教師の資格規定や主務大臣の業務停止権限、および治安警察法による結社禁止処分などによって取り締まる公算があったと言われている。一九二一年（大正一〇年）に出口王仁三郎らが検挙された第一次大本《おおもと》事件では、不敬罪と新聞紙法が適用されていた。

第一次宗教団体法案を提出した勝田主計は治安維持法の改正・強化（「国体変革」の厳罰化など）時の文部大臣だったこともあって、宗教団体法を治安維持法の延長線上で捉えていた。実際、一九三五年一二月に出口王仁三郎ら皇道大本の教団幹部が検挙される第二次大本事件が発生すると、「淫祠邪教」に対する取り締まりを強化するよう求める声が高まり、同事件は治安維持法が宗教団体に適用される画期ともなった。

皇道大本は昭和神聖会《しょうわしんせいかい》を傘下に置いて国家主義運動を展開しており、特高警察はその拡大を懸念し、「邪教」の撲滅を狙っていた。特高警察は特に、議会制や私有財産制を守るべく、全体主義的政治運動を警戒し、大本を検挙するに至ったと言われている。

以後、天津教《あまつきょう》、神政龍神会《しんせいりゅうじんかい》、ひとのみち教団が、国体を否認し、呪術を使った迷信的な「邪教」として、治安警察法によって結社禁止となり、不敬罪容疑で起訴されるなど、内務省の宗教結社取り締まりが強化されていく。新興仏教青年同盟や天理本道、三理三腹元などの天理教の分派は治安維持法違反で検挙されるが、国体変革の意思は薄く、国家主義運動への取り締まりから発展した、宗教結社に対する強引な解釈によるものだった。

宗教団体法で「疑似宗教」が「宗教結社」として文部省の管轄となるが、内務省による取り締まりは基本的に緩和されることはなく、一九四一年三月には治安維持法が全面改正されて、「国体」の否定や「神宮」「皇室」の冒瀆といった取締事項が新設、第二次大本事件後の宗教団体統制が法的に追認される形となる。

治安維持法や不敬罪などに宗教団体法が付加される形で宗教規制法制が体系化され、戦時下で運用されることとなったが、特高警察は、共産党鎮圧後もその肥大化した組織を維持するために、新たな「敵」として、一九三〇年代に増した「疑似宗教」をターゲットとし、全面改正もそのための措置であったと指摘されている。

宗教団体の合同

文部省には宗教団体の再編成に乗り出すという意図があり、宗教団体法の施行は、宗教団体の合同も促した。従来から存在した神道教派一三派、仏教宗派五六派は「非法人」の教派・宗派と見なされていたが、同法の施行によって、法人となる場合は文部大臣の認可を要することとなり、実際に認可を経て、教派・宗派の法人化が進んでいく。

その際、教派・宗派の内部規則である教規・宗制は、施行後一年以内に文部大臣の認可を受けることとされたため、教派・宗派の合同が促進され、天台宗・真言宗・浄土宗・臨済宗・日蓮宗では、宗派間の合同が実現、仏教の宗派は二八に半減する。

キリスト教では、地方長官の許可を受けた包括団体である「教団的団体」が存在しており、政府も教派・宗派に準ずる取り扱いをしてきたが、これらのうち、申請を経て法人としての教団になった代表例が、一九四一年六月二四日に設立された日本基督教団である。ここには、二八のプロテスタント系包括団体が参加した。

この背景には、単独では教団組織が認められない小団体が地位を守るために、大同団結を志向したという教団側の事情と、総動員体制下の統制政策の一環として、宗教統制を試みた政府側の事情とがあったとされている。宗教法人令が合併規定を欠いたのは、特に後者に対する反省を踏まえたものであった。

他方で、宗教団体法は「疑似宗教」について、届出によって「結社」となることを認め、監督・取締の具体的な規定を設けて、監督官庁の不当・違法な処分に対する訴願・訴訟の道を開いたことから、「信教の自由」を確保したものだとの評価もあり、宗教制度調査会における文部省側の答弁でも、「結社」に対する自由を確保しようとする姿勢が見られた。

実際、自宅礼拝所のような無許可教会への参拝や無許可での守札、神符《しんぷ》の頒布、寄附金募集、祈禱師資格のない者による加持《かじ》祈禱といった無許可宗教行為に対する取り締まりは、団体法施行後に激減し、届出制が特高警察の宗教取締を一部緩和させた、という指摘もある。内務省側も、宗教の取り締まりは信仰生活に関わるため、何をもって「邪教」「迷信」と判断して規制するかという、困難な課題を抱えていた。

このことは、宗教法人令による宗教法人の乱立という現象と相まって、宗教法人法成立過程において「インチキ宗教」や「邪教」の取り締まりが強調される一因になっていったのかもしれない。

宗教行政の現場

東京帝国大学文学部を卒業して、一九四三年七月に文部省教化局宗務課に入った河和田唯賢《かわわだゆいけん》は、主な業務として、宗教団体の「教義の調査」と「宗教団体の指導」を担当し、団体側からの届出書類や報告書類をチェックし、宗教団体法に適合しているか調べていたと回想している。

戦局が苛烈になると、そうした業務が中止され、戦時下における「宗教教化の方策」を立案する仕事を担当し、一九四四年に策定された「戦時下における宗教教化方策」にも携わった。地方に出張して「宗教団体を督励」し、「士気の高揚」を図ることにも努め、一九四五年七月に召集、九月に復員している（「宗教行政の中から――河和田唯賢氏に聞く」）。

一九三〇年に東京帝大文学部を卒業後、東大文学部副手を経て一九三五年に文部省宗教局に入って一九四二年まで在任した村上俊雄は、宗教団体法成立後に同局は教義や宗制、教団規則の「内実の指導」をしており、自らも教義、行事、儀式を担当して、経典や布教方法、布教期間などを宗制に書き込むよう「せっついた」という。

入局当時は在野で天理教を撲滅しようとする運動があり、橋本綱太郎・宗教課長が天理教の本部に飛んでいって、講義の種本やテキストを全部収集し、村上に「すぐにこれを調べろ」と命じて、村上は同教とひとのみち教団、不受不施派《ふじゅふせは》、創価学会《そうかがっかい》、世界救世教、エホバの証人（灯台社《とうだいしゃ》）などを担当した。

内務省神社局（のち、神祇院）に対して、文部省宗教局が仏教、キリスト教に加えて、「新興宗教」、「疑似宗教」を扱っていたが、公認を得ていない「治安」上問題のある団体は「宗教警察」が管轄し、大本教などを担当したと振り返る村上は、「個人的に、内務省の警保局の資料をもらった」が、それは文部省側に資料がなかったためで、普段は「公認宗教」の業務に忙殺されており、内務省との連携も悪かったという。各府県には社寺兵事課があったが、社寺についてはあまり把握しておらず、特高課が思想関係に詳しかったため、村上は双方から話を聞いた。

宗教団体の合同を持ち出したのは軍部で、従軍布教師が戦地で戦死した軍人の葬式の執行を各宗派で争うため、軍部が「一本にするよう」要請してきたとして、宗教団体側には不満もあったが、「合同しなければ、教団規則を認可せんぞ」と言って、仏教二八派の合同や日本基督教団の設立も「無理にやった」結果だと村上は証言している（「戦前の宗教団体法成立の頃——村上俊雄氏インタビュー」）。

なおこの間、文部省宗教局は一九四二年一一月に教化局に改組され、宗務課の業務は宗教課が継承している。

内務省と文部省の連携不足

文部省宗教局と内務省との連携不足を示す例として、日本セブンスデー・アドベンチスト教会の検挙事件が挙げられる。同教会は一九四〇年五月、宗教局の要請に従って宗教結社「第七日基督再臨団」となるが、ホーリネス系三教会の事件（後述）を受け、宗教局は教団名称から「再臨」を外すよう助言し、一九四三年五月に「第七日基督教会」と改称した。

その四カ月後の同年九月に同教会の役員、牧師など四二名が、再臨信仰が「国体の変革」と「皇室と神社の威厳」を損なうとの理由から、治安維持法違反で検挙されるが、これを実施した警視庁特高第二課宗教班は内務省警保局と連携しながらも、教化局にはまったく内密で動いたと言われている。結果として教会は壊滅するが、当時の文部省と内務省との距離を象徴する出来事となった。

「疑似宗教」も宗教行政の枠組みに取り入れ、これを教化活動や国民精神総動員に用いようとする文部省に対し、内務省や司法省は社会に害悪をもたらす宗教を「邪教」として取り締まり対象と考えており、文部省の姿勢を批判的に捉えていた。こうした見解の相違が、取り締まりの現場にも反映されたわけである。

ホーリネス系の宗教団体（日本聖教会、きよめ教会）と宗教結社（東洋宣教会きよめ教会）も一九四二年六月以降、「再臨信仰」が「国体の否定」にあたるとして、治安維持法違反で一三〇名余りの牧師が検挙され、一四名が実刑判決を受けた。

文部大臣はこれを受けて、翌年四月に宗教団体法第一六条に基づき団体の認可を取り消し、内務大臣が治安警察法によって結社禁止の処分を下して、文部省がまとめて通知しているが、治安維持法による検挙と文部大臣による認可取り消しとの間に約一年のタイムラグがあり、内務省と文部省の姿勢の違いがうかがえる。なお、同年一月には、ホーリネス系の箱館聖教会《はこだてせいきょうかい》牧師補・小《こ》山宗祐《やまそうすけ》が護国神社への参拝を拒否して天皇への不敬の言辞を弄したとして検挙され、その後、不敬罪等で拘置中に死亡するという事件も起きていた。

灯台社でも、一九三九年一月に入営した信徒が宮城遥拝《きゅうじょうようはい》や御《ご》真影奉拝《しんえいほうはい》を偶像崇拝として拒否し、兵器を殺人器として返納するといった「不敬思想」や「反戦思想」を示したため、軍法会議で有罪判決を受けている。同月、兵役を拒否した信徒二名が、やはり軍法会議で懲役刑となった。

灯台社は、同年六月に不敬罪および治安維持法違反で幹部以下約一三〇名が一斉検挙され、翌年八月、内相が結社禁止命令を出して教団は解散に追い込まれている。宗教団体法下で、灯台社は宗教結社となっていたが、宗教団体法には宗教結社の解散規定がなかったため、その禁止命令権は治安警察法に基づいて内相が有していた。

なお、一九三九年頃まで、「疑似宗教」や「邪教」として規制される対象は主に神道系教団だったが、日中戦争の激化を受けて宗教団体を含む国民総動員と反戦・反軍的言説鎮圧の要請が高まり、キリスト教が取り締まり対象として浮上したと言われている。

神社参拝の拒否には、厳しい社会的圧力が加えられた。学校現場を例にとると、一九三二年には、上智大学の学生が靖国神社への参拝を拒否し、配属将校が引き揚げて兵役義務短縮などの特典を失う危機に陥った大学側が神社参拝を受け入れるという事件が起きた。一九二四年には、奄美大島のカトリック女学校（大島高等女学校）が高千穂神社の例祭に参加せず、町民などの抗議を受けて一九三四年に廃校に追い込まれ、一九二九年と一九三三年には岐阜県大垣市の小学校で、キリスト教信徒家庭の児童が神社参拝を拒否して厳しい批判を受けている。

4　宗教法人法の成立

成立の経緯

宗教法人令によって法人関連手続きが簡素化、自由化、自主化されたことにともない、宗教法人になることが容易となり、宗教法人の数が激増して、教義や組織の点で疑問とされる団体が制度を濫用する実態が浮かび上がってくる。法人令が法人法へと改められる主たる動機が、ここにあった。また、法人令は勅令によるものだが、民法は、法人は「法律」によって成立しなければならないと規定しており、その点でも矛盾があった。

法人令から法人法にいたる間に、日本国憲法が公布・施行された。ここに「信教の自由」と

「政教分離」に関する条項を挙げると、「信教の自由は、何人に対してもこれを保障する。いかなる宗教団体も、国から特権を受け、又は政治上の権力を行使してはならない」（第二〇条一項）、「何人も、宗教上の行為、祝典、儀式又は行事に参加することを強制されない」（第二〇条二項）、「国及びその機関は、宗教教育その他いかなる宗教的活動もしてはならない」（第二〇条三項）、「公金その他の公の財産は、宗教上の組織若《も》しくは団体の使用、便益若しくは維持のため、又は公の支配に属しない慈善、教育若しくは博愛の事業に対し、これを支出し、又はその利用に供してはならない」（第八九条）、がある。

日本側で作成していた憲法草案が一九四六年二月一日にスクープされ、これに不満をもったGHQが憲法案を起草し、同一三日、GHQから日本政府に総司令部案（マッカーサー草案）が手渡された。その第一九条では、「信教の自由」は何人にも保障され、いかなる宗教団体も国家から「特別の特権」を受けることはできず、政治上の権利を行使できないとして、何人も宗教的行為、祝典、式典や行事への参加は強制されず、国家は宗教教育や宗教的活動ができないと規定されていた。

日本政府はこれに沿って憲法を改正することを閣議決定し、試案として三月二日案を作成、日本側とGHQとの折衝を経て改正草案要綱が取りまとめられ、枢密院に諮准《しじゅん》されて、帝国議会での審議に付された。議会で成立したのが一〇月二九日で、一一月三日に公布されるが、この間、マッカーサー草案の信教自由規定はほぼ踏襲され、憲法二〇条の成立にいたっている。

文部省が宗教法人法の起草にとりかかったのは一九四九年の秋頃とされており、翌年一月には成案が得られ、宗教界の意見を徴《ちょう》した上で、一九五一年二月に法案が確定、政府は二月二五日に閣議決定して二七日に国会に提出し、三月二六日に政府原案が衆議院を通過、三〇日には同案が参議院を通過して成立し、四月三日に公布・施行されることとなった。これにより、宗教法人令が廃止される。

ＧＨＱ民間情報教育局の宗教調査企画官として同法成立に携わったウィリアム・Ｐ・ウッダードが、帰国にあたって開かれた送別会でメッセージを語り、これが「日本占領を終えるに当って――信教の自由と政教分離」と題して『宗教公論』一九五二年五月号に掲載されている。

ウッダードは、我々が「信教自由」と「政教分離」を主張したのは、「宗教界の発展」のために重要だからで、日本人は長い間、「すべての問題」を「政府」に依存し、何でも「役場」に尋ね、「既成宗教」も政府の認可を受けて布教・伝道すれば「成功」すると信じ、ここから分離すると「一段ひく〻」なったと感じるが、これは「まちがい」だという。

政府から「独立」して動けば一段も二段も高くなるのであって、「官吏」には道徳的資格も信仰もなく、「宗教の指導」もできないため、「宗教運動」について「官吏」に相談してはならず、自分の信仰が「人の命令」よりはるかに尊いものであることを理解してほしい、とウッダードは訴えた。

行政機関に依存してきた宗教の体質を厳しく批判したものであり、「信教の自由」の意味を理解してほしいという期待を込めた惜別の辞であった。

宗教法人法の内容と特徴

宗教法人法は、宗教団体が礼拝その他の財産を所有、維持・運用し、その目的達成のための業務・事業を運営することに資するため、宗教団体に法律上の能力を与えることを目的としており、宗教団体の行為について規定したものではない。

所轄庁は都道府県知事となり、包括団体である宗教法人は原則として文部大臣とされた。宗教法人は一定の制限のもとで収益事業を行うことができ、その設立は認可主義ではなく、所轄庁の「認証」を得た上で「登記」することによって成立する。宗教法人は設立のほか、規則の変更や合併、任意解散の場合にも「認証」を受けることとされ、文部大臣の諮問機関として宗教法人審議会が設置された。

法人の解散命令権は裁判所が有し、所轄庁、利害関係人、検察官がこれを請求することができ、解散命令による解散後は、裁判所が清算人を選任する。解散の要件は、初期段階の原案では法令に違反し、「若しくは」公共の福祉に反したとき、とされていたが、法人法ではこれが厳格化され、「法令に違反して」「著しく」公共の福祉を害すると「明らかに」認められるとき、と改められた。

所轄庁による「認証」にあたっては、申請団体がおおむね一年以上にわたって宗教活動をしていたこと、その施設・組織・活動から永続する見込みがあること、包括宗教団体については包括する宗教団体がおおむね一〇以上あること、といった基準を設けるよう、一九五八年に法人法改正が検討された際に宗教法人審議会が答申している。

知識人の反応――戦前の教訓を踏まえて

仏教学者で早稲田大学文学部教授の伊藤康安《いとうこうあん》は、『大乗禅《だいじょうぜん》』一九五一年四月号に寄せた「宗教法人法論」で、宗教法人法は「政教分離」と「信教自由」の二つの眼目からなり、前者について戦前は、神社神道が政治と無関係でなく、「軍国主義」華やかなりし頃は、その関係が密接となって他宗教が圧迫されたこともあったと述べる。

同法はこれを踏まえ、こうした政教関係を清算して、「政治は絶対に宗教にはタッチしない」ことにしたとして、伊藤は、それは宗教を政治の外に突き放した「冷淡無慈悲」な立法でもあるとする。「信教の自由」については、どんな「淫祠邪教」が現れても、これを拒否することはできず、承認するのが同法の趣旨であり、「正法」「邪法」の客観的な区別はできない立場をとっているという。

伊藤は仏教学者として、宗教法人法によって仏教者は「丸裸」にされて「塵芥《じんかい》」の中に突き落とされたようなものだが、これを「縁」として仏教の再興を図り、同法を「活人剣《かつじんけん》」として「旧来の弊風」を刷新し、新時代に適応する必要性を説いた。

憲法学者で日本大学法学部教授の川西誠が『宗教公論』一九五二年一月号に掲載した「現代信仰と宗教法人法」は、宗教団体法によって宗教団体の活動が制約され、国家の「御用団体」となるか、活動を停止するかを余儀なくされたが、宗教法人令は宗教団体に対する「国家的な干渉」

を大幅に削減した結果、「宗教の名をかる営利の団体」を生むことになり、その反省から宗教法人法が生まれたと解説する。

宗教法人法は認証制をとっており、これは「行政法上の認可」に近いが、宗教団体法の認可制を継承しなかったのは、宗教団体を「国家の政治策」と切り離し、独自の立場から人間個人の「心霊生活の核心」とするためであり、宗教法人令の届出制の反省も踏まえて「中間的な制度」として認証制度としたと川西は言う。

川西は認証制が認可制に近いことに着目し、新しい信仰団体は認証を得にくいとして、いかに信仰に生命を与え、活動が活発であっても、「眠れる宗教団体」からは猜疑と嫉妬の目で見られ、「邪教迷信」として扱われかねないため、届出制を採用するよう提言した。

宗教団体法の反省を踏まえて政治と宗教とを切り離した宗教法人法ではあるが、その設立認証制度が「認可」に近いのか「届出」に近いのか、新興宗教にとって追い風となるか逆風となるかは定かでなく、見解が分かれていた。

知識人の反応――「中間主義」評価

日蓮宗宗務院を経て、立正大学の教授を務めていた竹田智道《たけだちどう》は、『宗教公論』一九五一年六月号に寄せた論考「宗教法人法の基本的理念」において、宗教法人法の原則は「信教の自由の保障」と「政教分離」だが、民法が法人化には法律の規定を要すると定めているため、宗教法人法はこの原則に抵触しない範囲で、宗教法人の根拠となる法律となる必要があったとする。

このために同法は、宗教団体の自由な宗教活動を保障しつつ、宗教団体に一定の法律上の制約を課しており、それが「公共の福祉」に反しない限り、国家権力が手出しできないという仕組みとなって、「国政」と「宗教活動」の分離を図ることになったという。

国家はすべての宗教を「平等」に扱い、特定の宗教を国民に強要することは「不幸」この上なく、また特定の宗教を抑圧することも「最大の不幸」を生むため、刑罰の場合を除いて、国家は国民を不幸に陥れる権利はないと竹田は強調する。

他方、宗教団体が法人化するためには、その「物的な部分」で法の規制を受けることが「最小限」認められ、これが「行政権の対象」となるが、宗教団体の活動の制約は宗教によるものではなく、すべての国民に課せられたものであり、官庁が宗教法人法を運用するにあたっても、「信教の自由」を害することがないよう、細心の注意が払われていると竹田は指摘した。

かつての「宗教法案」には、宗教団体を公認して監督しようとする態度が明確だったが、宗教法人法では、「迷信的」や「道徳観念」に反する場合でも、法令に触れない以上は国家権力が手を出せず、迷信か否かの判断を「全智全能ならざる官吏」に委ねることはできない。竹田は、法律によって宗教団体の「精神的な面」を規制することは危険この上なく、宗教の内容や活動に行政機関が価値判断する権限を与えてはならないと述べ、「行政官庁」を宗教団体の「宗教面」に介入させた宗教団体法が「監督が干渉となり、終《つい》に弾圧の道具」となったと回顧した上で、宗教法人法は「干渉主義」の宗教団体法と「放任主義」の宗教法人令を止揚した「中間主義」をとっていると評する。

竹田は、宗教法人法が宗教法人の自由な活動を認めつつその自主性を尊重し、その行動に自ら責任をとらせるものであり、宗教団体を国家の手から解放し、「自由競争」の場に立たせたと力説した。

竹田の論考に続けて、同誌に「宗教法人審議会の職能——特にその行動範囲について」との考察を寄せた宗教問題研究所長の濱田《はまだ》本悠《ほんゆう》は、宗教法人審議会が、認証事項について疑義や紛争が起こった際に所轄大臣の決定を公正化する「唯一の公的機関」であるとしてその機能に注目し、「指導的な役割」を期待しているが、解散命令権を有するのが裁判所であって同審議会でないことには疑問を呈する。

宗教法人法は「公正な裁き」をする役割を裁判官だけに与え、「国家最高のエキスパート」である審議会を無視しているが、果たして裁判官に全権を委任できるのか、宗教上の裁判に「宗教専門家」が参加しないことは、「恐るべき信仰迫害の危険」を胎んでいると濱田は懸念する。

さらに濱田は、認証業務は広汎にわたるが、それを主導するのは「所轄庁」であって、審議会はどこまでも「受身的」であり、積極的に審査・企画を推し進める機能を有しておらず、認証を司るのはあくまで官僚で、審議会の行動範囲は限られていると指摘した。

審議会の活動を活性化させるのは「外部」の国民自身であり、その「宗教的熱意」によって審議会委員を「忙殺」させるようにならなければならないと濱田は主張し、宗教文化における言論界や検察庁の行動範囲が拡大しないよう、宗教家は言論を尽くして自己批判し、自粛自戒に努めなければならないとも説いた。

宗教者の反応――「信教の自由」精神

『六大新報』は一九五一年二月一五日号の社説「宗教法人法」で、宗教法人令には内容に不備が多く、宗教法人法案はその「精神」をさらに徹底して規定を「精確厳密」にしたものだと期待を寄せ、この「精神」とは「信教自由の尊重」であると述べている。

同誌は、「信教自由」と「認証制度」は矛盾しているように見えるが、これは「インチキ宗教」を排除して「正しい宗教」を認める上で必要だと理解を示しつつ、「離脱の自由」については、「可能」だが「困難」な規定となっているなど、「一面自由」「一面統制」の「巧妙な組合せ」によって法案は出来ていると評した。同誌は、今後は「末寺争奪」が激しくなるが、「自由の精神」のため、「上から」これを統制するのは難しく、「宗務所《しゅうむしょ》」や「本山」が「しっかり」しなければならないと説いている。

法案成立を受けた同誌は同年四月五日号に社説「宗教法人法成立」を掲げ、法案審議の間、この法律の施行によって「宗教の伝統」が破壊されはしないかと心配したが、「伝統」はもちろん、「信仰」や「教義」、宗教上の「役職員」の任免などに国が立ち入らないことが確認できたため、この点では安心したという。

また同誌は、同法は「インチキ宗教」排除を目的としていると言われているが、普通に宗教行為を行っていれば認められ、あくまで宗教でないのに宗教と称するもののみが「押さえられる」として、「誤解を解く」必要があると述べた。

認証制度が大きく注目されているが、法律の「精神」は「信教自由」にあり、「面倒」な規定を設けた宗派からの「離脱」についても結局は自由を認めているとして、いかに自由が認められても宗教家自身は「反省」が必要であり、「伝統」と「道義」は常に重んじなければならず、その上で宗教活動を「正しく」行い、真言宗の伝統の精神を存分に発揮すべきだと同誌は主張する。

　宗教家の自戒や法人の自治は、『高野《こうや》山時《さんじ》報《ほう》』一九五四年一月号に掲載された四之宮聖順《しのみやせいじゅん》（照《しょう》象院《ぞういん》住職）の「宗教法人法への批判と要望」でも表明されている。四之宮は、「今次の大戦」において、仏教者が宗教団体法によって動員されて、戦争に利用されたのは事実であり、宗教が国家・社会に与える影響力は過小評価できないとした上で、戦後の改革で「平等なる自由と保護」が与えられたが、そのもとに「混合系の各種教団、結社」が乱立したことを問題視する。

六大新報

社説　宗教法人法成立

宗教法人法成立を報じる『六大新報』（1951年4月5日号）

　その上で四之宮は、宗教家は政府の保護によって存立し、発展すべくものではなく、また代表役員はその地位を利用して私利私益のために「独専的行為」に奔ってはならないとして、寺院・教会は、たとえ一人でも関係者に異議があれば、基本財産の移動を認めないようにすべきだと提言した。

キリスト新聞社編・刊行の『基督教年鑑』一九五二年版に掲載された「宗教法人法について――法制定の理由と基督教への影響」と題する解説記事は、「宗教統制法」として嫌われた宗教団体法が廃止され、宗教法人令が「信教の自由」を強調して宗教団体に自由かつ平等に法人となる資格と機会を与えたものの、宗教法人が乱立して混乱が生じたため、宗教法人法が定められて、法人化手続きを見直し、宗教財産を保護するなどの措置をとったと概説する。

同法の目的は、宗教団体に法人化の道を開くことにあり、「純宗教上の機能」までは規制せず、設立認証も認可とは異なって、「証明に近い単なる行政的確認行為」であるとし、教師規定も信徒規定もなく、あくまで「宗教行為」には触れないことを原則としているため、牧師や役員の職権も自由に定められる点を特筆している。

宗教界では、自由・自主・自治を基調とするのが宗教法人法であるとの受け止め方が大勢であった。仏教界、キリスト教界とも新興宗教の発生や分派・分離・離脱の動きが加速しており、それによる党派間抗争も絶えず、「淫祠邪教」に対する懸念を強く抱いていたとされている。

新聞各紙の論評

『読売新聞』は一九五〇年一一月一八日付朝刊に「邪教と宗教法人法案」と題する社説を掲げ、宗教法人令では「あまりにルーズ」であったため、宗教法人法案では届出制を認証制に改め、

「大小無数のインチキ宗教」を一掃する目的があるとした上で、「信仰の自由」は憲法で保障されており、どんな宗教であっても「国家権力」は干渉すべきではないが、宗教法人として「公認」し、免税の特典を与えるかどうかは「別個の観点」から論じなければならないという。

同紙は宗教法人が増加の一途を辿り、「怪しげなる新興宗教が繁栄」していることに懸念を示し、こうした「企業化した宗教」に「断固たる措置」をとることは当たり前だとしつつ、誰が「真正の宗教」と「インチキ宗教」を区別するかが問題であり、もし「認証」にあたって「官僚」が実質的な権限を握ることになれば、官僚が「宗教界の法皇座」に就くことになると懸念する。

法律や権限を「創作」して「自己拡張本能」を満たしていくのが官僚である以上、宗教の取捨選択は「国民自ら」行わねばならず、官僚の指図を待つ必要はない。同紙は国民が「健全な判断力」をもって「インチキ宗教」を淘汰していく必要を主張しつつ、国民の「知的水準」がまだ十分でないと嘆き、国民が「未熟」な間は、こうした「宗教取締法」もやむを得ないと論じた。

『朝日新聞』は一九五一年一月一〇日付朝刊に「設立に認証の規定——宗教法人法を準備」との記事を掲載し、宗教法人令で届出制がとられた結果、宗教法人が乱立し、「営利を目的とした擬装宗教団体」が生じており、文部省はその対策として宗教法人法案を国会に提出し、「政教分離」の原則のもとで、「宗教団体の正しい発展」を進めようとしているとして、法案の設立認証制度を紹介している。

同紙は二月四日付朝刊にも「インチキ宗教退治——四月から「宗教法人法」」と題する記事を

載せ、宗教法人法が「インチキ宗教退治」に「一役買う」と言われていると評し、同法は宗教団体のあり方や財産権、登記手続きなどを規定するもので、宗教活動や信仰上の領域には踏み込まず、「信教自由の尊重」を強調しているとして、法案の要点を示している。

新聞では主に、「信教の自由」を踏まえつつ、「インチキ宗教」をいかに取り締まるか、その実効性が問われていたのがうかがえよう。

国会での質疑

宗教法人法案提出に先立つ二月一日の参議院本会議で、高橋道男《たかはしみちお》（参議院議員・緑風会《りょくふうかい》）が日本国憲法二〇条について、「枠を作られていた」明治憲法二八条に比して、何ら制限や条件が付されていないことから、「信教の絶対自由」を肯定しているのか、宗教が「社会生活の秩序」を乱す場合、「国家」や「国民の秩序」が「信教の自由」、少なくとも「宗教団体の行動」に優先するのではないか、と問うた（「国会会議録検索システム」。以下、国会本会議・委員会の会議録はすべて同じ）。

これに対して天野《あまの》貞祐《ていゆう》・文部大臣が「信教の自由」は憲法の保障している基本的人権であり、「公共の福祉」に反しない限りで認められているが、どの「宗教」が「公共の福祉」に反するかどうかを決めるのは「非常にむずかしい」と語り、我々がそれを決めることになれば「宗教の弾圧」にならざるを得ないとした上で、提出予定の宗教法人法でその点を明確にしたいと答えた。

宗教法人法の提出にあたって天野は二月二八日の衆議院文部委員会で、宗教法人令は「不備の点」が多く、法律によって宗教法人制度を規定する必要があり、「信教の自由」の基盤の上で新たな宗教法人制度を確立することが要請されているため、伝統的な宗教の事情に対応しつつ、宗教法人の「特殊性」と「自主性」を重んじた法案を作成したと述べている。

認証制度について天野は、宗教団体ではないものが宗教法人になることや、法令に適合しない規則が作成され、設立手続きがなされることを防止することを目的としていると述べ、「行き過ぎ」にならないよう、宗教法人審議会を設け、認証拒否の場合や再審査などについて意見を求めることにした、と語った。この点が、「非常にむずかしい」問題に対する、同法上の対応ということになろう。

宗教法人の管理運営面では「民主化」を図ったことが強調され、代表役員や責任役員の資格、任免、職務権限は宗教法人の特性に応じて「自由」に規定でき、合併や解散などの「重大な身の振り方」については、あらかじめ信者などの利害関係人に「公告」する制度を設けて、法人の「公明な運営」と「自主性の発揮」を期待しているという。

三月九日の同委員会では浦口鉄男《うらぐちてつお》（衆議院議員・立憲養正会《りつけんようせいかい》）が、宗教団体でないものが宗教法人になる懸念についての対応を問うと、政府委員の篠原義雄《しのはらよしお》（文部省宗務課長）は、現在の宗教法人には「営利事業」や「収益事業」を主目的にしているものが見受けられるため、同法で宗教団体を定義しており、「公共性」に鑑みて、営利事業が宗教法人の主目的となっているかどうかを注視すると答弁した。

浦口からは、その判断は難しいが、どう対応するのか問われると、篠原は、業務停止や認証取消しといった「重大な場合」は宗教法人審議会に諮り、そこで「公平なる建前から判断される」と期待していると述べた。

三月三〇日に参議院文部委員会の議事結果を堀越儀郎《ほりこしぎろう》（参議院議員・無所属）が本会議で報告した際には、法案は「信教自由」「政教分離」の原則を踏まえ、宗教法人の「自由と自主性」と「責任と公共性」を骨子としたものとして可決したと述べ、特に解散命令に関する規定の運用を明快・適切にすること、「邪教等の取締」について法の適正な運用をすること、といった要望が出されたことを付言している。

三月二七日の同委員会で解散命令について言及したのは浄土真宗本願寺派の僧侶・梅原眞隆《うめはらしんりゆう》（参議院議員・緑風会）で、「信教の自由」の尊重が「非常に臆病な態度」を生んでおり、宗教に関する教養を高めなければ「淫祠邪教の便乗主義」や「脱税主義者」に利用されることになると述べた上で、法案第八一条一項の定める「法令に違反して、著しく公共の福祉を害すると明らかに認められる行為をしたこと」との解散命令条件規定について、あまりに宗教の自由を尊重し過ぎており、厳格に処理すべきだとして、大橋武夫《おおはしたけお》・法務総裁の所見を問うた。

大橋に代わって答弁した政府委員の林修三（法務府法制意見第二局長）は、慎重に考慮した上での条文だが、法令違反行為はおおむね「公共の福祉」を害する以上、裁判官が解散を認定できないことはないと答えたが、梅原は納得せず、「宗教活動の自由」の尊重を強調する大橋との間で押し問答が続き、大橋が「偽宗教の不当な活動を抑制」するよう運用すると述べると、梅原はそれを考慮してほしいと応じている。

「邪教等の取締」の必要性を説いたのは矢嶋三義《やじまみよし》（参議院議員・日本社会党）で、三月二八日の同委員会で、認証・解散にあたっては慎重に法を用いるとともに、「公共性」の観点から、戦後、雨後の筍のように発生した「淫祠邪教」を取り締まるため、法を適正に運用する必要があると語った。

三月三〇日に宗教法人法案は原案通り参議院で可決されて成立するが、議場では、知識人や宗教者、新聞が関心を寄せたような「信教の自由」に対する行政機関による監督権の制約より、新聞が取り上げたような「邪教」排除の実効性というテーマに関心が集まっていたことがうかがえよう。

その意味で、議員はなお、宗教団体法審議の延長線上に立っており、「信教の自由」の観点からそれを押し返そうとする役割もまた、政府が担っていた。

第七章

オウム真理教と創価学会をめぐる攻防──宗教法人法改正の是非

1 宗教法人法改正の経緯と改正内容

改正の歴史

宗教法人法は施行以降、たびたび改正を加えられてきたが、行政訴訟法や商業登記法の改正などに伴う軽微なもので、一九九五年にいたるまで、大きな改正はなかった。

一九五六年（昭和三一年）三月二日付『読売新聞』夕刊によると、清瀬《きよせ》一郎《いちろう》・文部大臣が記者会見で立正佼成会事件を例に、新興宗教団体への取り締まりを強化したいとの意向を示したという。清瀬は、「信教の自由」が認められているため、何でも「宗教」といえば認められるのが実状で、「宗教儀式に名をかりて」行われている「暴状」は目に余り、その結果同事件などが起きているとして、「宗教儀式」に制限を加えたいと述べている。

これを踏まえて五月一六日、清瀬は宗教法人審議会に対して、宗教法人法には不備が多く、紛争が起きているとして、改善を検討するよう諮問した。一九五八年四月二二日に提出された審議会の答申は、認証や公告、責任役員制度について、今直ちに改正する必要は認めないものの、宗教活動の定義、宗教団体が宗教法人になることができる基準の設定、合併規定の簡素化、公告制度・役員制度・財産処分手続等の改善、公益事業などの明確化、などを列挙し、政府に慎重な改正の検討を望むとしている。

清瀬の諮問に対し、『毎日新聞』は一九五七年二月一一付朝刊に「〝信教の自由〟が失われるのを恐れる――宗教法人法改正への批判」と題する記事を掲載し、宗教法人法の改正によって「信教の自由」が侵害されることを懸念する声があるとした上で、分派独立や新興宗教を国家権力で規制しようとするのは「信教の自由」の意味を理解していないためだとする仏教学者・渡辺照宏《わたなべしょうこう》、改正は「官憲の介入」を許して宗教団体法に逆戻りするため、宗教団体自体が問題を解決すべきだとする、仏教連合会常務理事を長く務めた里見《さとみ》達雄《たつお》などのコメントを紹介している。

同紙翌年六月一一日付朝刊には岸本英夫もコメントを寄せており、国家に宗教の「教理」にまで立ち入らせることになれば、「信教の自由」がおびやかされる不安があり、宗教法人化や恩典の付与と「交換条件」で「信仰の内容」に干渉する道を開くのは「一大事」だとして、宗教法人制度の濫用を警戒し、改正にも難色を示した。

この改正は結局実現しておらず、その過程で「信教の自由」という立法の「精神」が想起されていたことは、記憶されるべきであろう。

一九九五年の改正

オウム真理教《しんりきょう》によるサリン事件を受け、所轄庁が都道府県知事では他の都道府県での宗教法人の活動に適切に対応できないこと、所轄庁には公益事業以外の業務停止命令、認証の取り消し、解散命令請求のために必要な情報を収集する権限がないこと、などが問題視され、一九九五年（平成七年）四月から開催された宗教法人審議会で宗教法人法の改正が検討され、九月に答申が提出されて、これをもとに文化庁が改正案を立案した。

一九九五年四月四日付夕刊の『読売新聞』の報道によると、与謝野馨《よさのかおる》文相は記者会見で「代表者がだれか、礼拝所がどういうところにあるのか、（所轄庁は）ある程度知識をもっている必要があるのではないか」と述べており、法人格を与えた以上、所轄庁が実態調査ができない現状では、宗教法人法の改正を要するとの見解を示し、東京都が所轄庁となっていたオウム真理教を念頭に、「（所轄庁が）国になるのか都道府県になるのか、との問題もある」と語っている。

同年一〇月一七日に国会に提出された改正案は、一二月八日に成立した。この改正により、ほかの都道府県に境内・建物を持つ宗教団体の所轄庁を文部大臣とし、宗教法人は一定の書類（役員名簿、財産目録、収支計算書、貸借対照表など）の写しを毎年所轄庁に提出すること、信者その他の利害関係人は正当な利益がある場合、宗教法人の書類等を閲覧できること、公益事業以外の事業で同法違反がある場合や認証要件を欠いている場合、解散命令に該当する事由がある場合は、宗教法人審議会に意見を聞いた上で、所轄庁が法人に対し、報告徴収や質問ができること、などが定められた。

改正宗教法人法は、翌年九月に施行されている。

2　「信教の自由」をめぐる論争

改正賛成派の主張

法案をめぐっては、言論空間で激しい賛否両論が交わされた。

日本大学法学部教授で租税法学者の北野《きたの》弘久《ひろひさ》は、『法学セミナー』一九九六年二月号に寄せた「宗教法人法の改正問題の論点」で、戦前の日本では国家が特定の宗教と一体となって社会を支配して他宗教を弾圧し、その反省を踏まえて宗教法人法が制定されたが、それから四十数年が経ち、法律を「悪用」する宗教団体が出てきたと指摘する。

その上で、宗教法人の教義や活動本体に介入はできないが、「行政」が認証制度を通して、法人の「俗」の部分、特に「カネ」の流れに関しては、最小限把握する必要があるとして、改正案はそのための「最小限度の法制的整備」を目指すものだと賛意を示した。

改正案の質問権については、宗教法人法の規定に違反する疑いがあり、かつ宗教法人審議会の了解を得た場合に報告を徴し、質問できるものに過ぎないとして、北野は今回の改正案は「公権力の宗教への介入」を未然に防ぐ自衛措置だという解釈をとっている。

また、早稲田大学法学部教授で民法学者の棚村政行《たなむらまさゆき》は『宗教法』（一九九七年一二月）に発表した論文「改正点をめぐる諸問題――宗教法人の自律性と行政の責任」において、宗教団体法を「強大な監督統制権」を規定したものとし、宗教法人法は「宗教法人の自律性、自主性」を最大限尊重したと評した上で、改正前の同法では、都道府県所轄の法人に対して、人員が不足して、実状の把握や行政上の対応が不可能に近かったと指摘した。

所轄庁が文部大臣に変更されることで、一部には再認証が行われて厳しくなる、「国家管理」、「国家統制」が強まるといった懸念があるが、事務処理の基準や内容は変更されず、権限も強化されるわけではないと述べ、現在の人的物的体制では情報収集・事務対応能力が不十分であることを棚村は強調した。

棚村は、財産書類の提出は欧米でも当然視されており、所轄庁が事務処理や情報収集・提供、連絡調整、助言指導、限定的な監督機能を果たす上で「是非必要」だと述べ、質問権についても、所轄庁は監督是正権限を与えられており、その権限と責任を果たし、法令違反の事実があるか確認するための客観的な資料を入手する法的手段が与えられる必要があると説明を加えた。

今回の改正法は、質問権（調査権）の範囲や根拠、内容を明確にした上で、所轄庁の権限行使が濫用されないよう歯止めをかけたものであると棚村は評し、これまで所轄庁の限定的監督機能について議論されてこなかったこと自体を問題としている。

さらに棚村は、宗教界が「宗教の国家管理化」や「国の監督機能強化」に危機感を持つならば、

「宗教情報センター」のような民間第三者機関を設置して自律性を強化し、「国家」や「行政」の介入を防ぐべきだと提唱した。

京都大学大学院法学研究科教授で憲法学者の大石眞《おおいしまこと》は、『産経新聞』一九九五年一一月一三日付夕刊のインタビューにおいて、質問権や信者の閲覧請求などを認めた改正内容は妥当だとし、「常識的な線」に沿ったもので、「国家の弾圧を招く」といった議論は短絡的だとした。調査権限がなければ解散請求時に資料も作成できず、適正な手続きをする上でも質問権は当然だとしている。

ただし、法案には宗教団体に対する信者個人の自由と人権保護の視点が抜け落ちていると大石は指摘し、未就学児童や家族との連絡確保の問題などについては、欧州議会が決議した、いわゆる「新宗教運動の調査を行う際の判断基準」を参考にすべきだと述べている。

改正反対派の主張

棚村と同じ号の『宗教法』に「宗教団体と法――今日的問題について」と題する論文を寄せた龍谷大学法学部教授で憲法学者の平野武《ひらのたけし》は、やはり宗教団体法は直接的・明確に「宗教弾圧」を行ったものだと評し、その経験は簡単に拭い去ることはできないとした上で、たしかに、いわゆる「カルト」による被害は深刻で、個人の尊厳を侵害する行為が宗教の名のもとで許されることはないと指摘する。

しかし平野は、こうした問題には冷静な対応が必要であり、被害には司法権による救済を原則とすべきだと主張する。司法救済は事後的で時間もかかるが、「信教の自由」の重要性を考えたとき、「行政による救済」には慎重にならざるをえず、どうしても行政救済が必要なら、歯止めを考えるべきだという。

宗教団体の反社会的な行為が目立つことは否定できないが、それによって「寛容の精神」を失い、「宗教的少数者」を抑圧する方向をとることは、「過去の歴史」を経て得た貴重なものを失うことになるとする平野は、変えてはならないものは守り抜くべきだ、とあえて今、強調したいとしている。

神戸市外国語大学外国語学部教授で国際法学者の家正治《いえまさじ》は、『自由』一九九五年一一月号に「憂慮すべき公権力による宗教支配」と題する論考を寄せ、戦前は神道国教化政策のもと、神道行事への参加が「臣民の義務」として強制されたという歴史観を示した上で、宗教法人法は憲法で保障された「信教の自由」の精神を実現し、具体化するために制定されたと述べた。

その上で、改正案について家は、国家権力が宗教を管理・監督・統制しようとするもので、所轄庁に「直接調査権」を認め、「事情聴取」や立ち入り検査を可能にしているのも「公権力による宗教活動への介入」であり、「戦前の宗教統制の時代に逆行」するものだと批判し、法人の情報を信者や利害関係人に開示するのも「法人の自主的な運営」を脅かすと指摘する。

財政情報の所轄庁への報告や所轄庁の変更も国家による宗教統制・指導・監督につながるとする家は、侵害されつつある「信教の自由」を擁護すべく、我々には日常的な行動と戦いが必要だと結論している。

駒沢大学文学部教授で宗教学者の洗健《あらいけん》は『潮』一九九六年一月号に寄せた「「信教の自由」を狙い撃つ宗教法人法「改正案」」において、改正を審議した宗教法人審議会では手続きに異議を申し立てる委員が多かったのに対し、「会長一任」で押し切ったとして、自民党と「役所」が改正ありきの方針で主導権を握り、審議会を「隠れ蓑」に使ったのではないか、と改正手続きに疑問を呈した。

内容面についても、文部省への所轄の移行は宗教法人の把握と管理を目指すものだが、それ自体が「信教の自由」を侵すことにならないかと洗は指摘し、管理という発想は経理関係書類や質問権についても見られ、所轄庁に指導監督権を与えると「信教の自由」を侵害するため、中途半端な「管理」という概念を持ちだしたが、これは自由侵害への導火線になりかねないと警戒する。

信者が帳簿などについて閲覧請求権を有することについても洗は、仏教の布施は喜んで捨てる「喜捨《きしゃ》」であり、仏に差し上げた以上は自分とは関係なくなるが、これを世俗の論理で閲覧権を認めると、仏教の教えに反し、信仰への干渉と破壊につながると懸念し、オウム事件の再発防止を図るなら、戦前のように監督官庁が強大な権限を持つ体制を敷くことになり、それを避けるには各行政官庁がそれぞれの法で違法行為を規制すべきだと説いた。

西洋政治思想史が専門で、日本大学の教授を勤めていた有賀弘《ありがひろし》は、『毎日新聞』一九九五年一一月二三日付朝刊に掲載されたインタビューで、「信教の自由」が「国民の自由権」の一つであり、かつ歴史的には最も重要な一つであるという論点がほとんど無視されていると述べ、宗教戦争を経た西洋では「宗教的寛容の原則」が形成され、「信教の自由」は国民の権利を権力から守るために定立されたと強調する。

西欧社会の歴史的伝統からみた場合、各国憲法が保障している思想・良心の自由や表現の自由、学問の自由などは「信教の自由」に淵源をもち、「信教の自由」を保障するために政治・宗教権力に対する防壁を築く必要が生じ、政教分離はその制度化である、と有賀は解説した。

有賀は、宗教法人法は必要に応じて改正されることは当然だが、「国民の権利」としての信教の自由の重要性を考える場合、慎重の上にも慎重な検討が必要とされると注意を促している。

國學院大學日本文化研究所教授で宗教学者の井上順孝《いのうえのぶたか》は『産経新聞』一九九五年一一月一三日付夕刊のインタビューで、これだけの問題を拙速に改正していいのか疑問が残り、改正の効果はほとんど期待できないとコメントした。

信者が自宅を道場としている場合や、本部が東京で、他県にある教祖の先祖の墓を「聖地」としている場合などを誰が判断するのか、霊感・霊視商法をどう防ぐのか、といった運用面・実体面で課題が多く残されており、与野党が「妥協した政治的判断」と批判されても仕方がないと井上は論評している。

オウム真理教のような犯罪や脱税を防ぐには、法人法改正による文化庁の調査より、現行法の上で都道府県や警察・税務署などが連携する方が効果的だという。

3　創価学会問題

政教分離と創価学会攻撃

洗は右の論文で、加藤紘一《かとうこういち》・自民党幹事長が「宗教は民主主義と相容れない」と発言し、政教分離に関する政府見解を「政教分離は宗教の政治に対する介入を排除することも意味する」と変更しつつある点に注意を喚起している。

宗教団体の選挙活動も、創価学会が支援する新進党が政権をとっても、いずれも憲法違反ではないとする洗は、自民党が創価学会を政教分離と絡めて議論し、日本遺族会などの選挙活動をおかまいなしとしているのは「不公平」だと指摘し、自民党が創価学会に恐怖感を抱くのは過剰反応だと批判した。

宗教法人法の改正をめぐっては、自民党が新進党に参加していた公明党《こうめいとう》の支持母体である創価学会を潰そうとしたものだという声があり、それを踏まえた発言である。

『自由』一九九五年一一月号では、創価大学法学部教授で憲法学者の藤田尚則《ふじたひさのり》が「特定の政治的意図持つ「改正」の狙い」と題する論考で、「特定の宗教」が突出することを懸念する島村宜伸《しまむらよしのぶ》文相の発言や右の加藤幹事長の発言などを踏まえて、自民党内での改正論議は、同年七月の参議院議員選挙で野党・新進党を支持した創価学会に対する「政治的意図」をもったものであることは「一目瞭然」だと指摘した。

その上で藤田は、改正は信仰者の政治的自由を制限し、「信教の自由」を危うくするもので、改正内容そのものも、国による宗教団体の調査・指揮・監督の強化、宗教活動への「圧迫」「干渉」であり、憲法の定める「信教の自由」と「政教分離」の原則に反すると批判している。

自民党の創価学会警戒

一九九五年七月に行われた参議院議員選挙では、新進党が五七議席を獲得して野党第一党となり、躍進・勝利と見なされた。

この選挙を総括する自民党の座談会が『諸君！』同年一二月号に掲載されているが、同党団体総局長の平沼赳夫《ひらぬまたけお》は、「完全な組織票」である「創価学会票」が非常に大きなパワーを発揮したと述べ、島村も大都市では創価学会が大きな勢力をもっているとし、政務調査会長代理の保利耕輔《ほりこうすけ》も相手を攻撃することがポイントで、新進党と創価学会との関係を追及していかなければならないと述べている。

そのなかで島村は、宗教法人法の改正に触れ、戦前・戦中の宗教弾圧のように思われるかもしれないが、宗教法人が非課税である以上、その資産については自主的に明らかにすべきであり、二つ以上の都道府県で活動する法人の所管は国に移す必要があると語っている。

島村は『文藝春秋』同月号に「宗教法人法改正反対派に告ぐ——新進党、学会はどうしてこうまで反発するのか」と題する論考を寄せ、宗教法人法は戦前の反省を踏まえて、国民の宗教活動を最大限自由に保障する趣旨で制定されたものだが、「時代」の変化とともに社会との適合性に問題が生じるようになり、宗教に名を借りたオウム真理教の事件が発生したと述べた。

これを未然に防げなかった一因は、所轄庁が東京都であったことにあると島村は述べ、今後は所轄庁と法人側とのコミュニケーションを円滑にする必要があるとし、改正はそのための「最小限」のもので、国家権力による「信教の自由」の侵害だとする批判を「真意がむしろわからない」として、参院選での敗北と法改正は無関係であり、新進党や創価学会が反対しているのも理解できないと述べている。

『諸君！』での座談会では、島村の宗教法人法についての発言に続けて副幹事長の高木《たかぎ》正明《まさあき》が、自民党の地方議員が公明党の学会票をもらっていることを問題視し、島村自身も国会で発言すると地元で学会に反対集会を開かれ、学会は新聞も押さえていて批判ができなくなっていると述べており、座談会自体、司会の俵《たわら》孝太郎《こうたろう》が、自民党が「新進党イコール創価学会党」を打倒できるよう態勢を固めるべきだという発言で閉じられている。

こうした文脈から、法改正が創価学会潰しと見られても当然であったと言わなければなるまい。

評論家の中島《なかじま》誠《まこと》は、『潮《うしお》』一九九五年五月号に掲載した論考「戦後日本と創価学会の民衆運動――「政治と宗教」のあり方を考える」において、自民党はいくつかの新興宗教団体から支持を受け、社会党や民社党は労働組合がバックアップし、公明党には創価学会の支持があるという構図のなかで、公明党の国会議員は新進党に参加しつつ、一般の党員は公明党所属のままとなった点に注目していた。

創価学会は、国政選挙では「一党支持」から個々の候補者を自由に選択できるよう方針を転換し、連合政権のあり方を「時々の現実」に応じて支援できるようにしたとして、中島はこれを「現状に即した」方向転換、「政治と宗教のあり方」に新しい示唆をあたえたもの、と評している。

他方、自民党が一九九三年に下野した際、公明党が細川政権の一翼を担ったことから、自民党は「巨大な組織」を持つ創価学会を「大きな脅威」と見るようになり、以後も「不気味な存在」であり続けてきたと中島は指摘している。この後本格化する自民党の創価学会攻撃と、自公政権の誕生を予見した論考となった。

4　宗教界の声

カトリック中央協議会の声明

宗教法人法改正に対する、宗教界の反応についても触れておきたい。

カトリック中央協議会は一九九五年一〇月一七日、「「宗教法人法改正」に対するカトリック教会の考え方」と題する声明を、ホームページ上で発表した。

同声明は、政府の改正案について、「両手を挙げて賛同できるものでない」と表明し、まず、オウム真理教事件は現行法で対応しうるもので、宗教法人法の解散命令などを適用すべきだとし、宗教は日本人にとって欠かせないものであり、改正案が宗教法人の多様な実態と役割、課題を正確に把握したものではないとした上で、「時間をかけた慎重な審議」を求めた。

さらに声明は、政府主導の法改正が「政教分離の原則」を脅かすのではないかと指摘し、宗教団体法によって宗教団体を管理・監督して「弾圧」を加え、カトリックが「不当な干渉」を受けた過去を挙げて、活動報告の義務や所轄庁の質問権、信者・関係者への情報開示などは、「所轄庁」や「行政機関」の指導・干渉となり、「政教分離」の原則を否定していく可能性があると懸念を示した。

また、法改正が「政争の具」と化していることにも苦言を呈し、これが宗教に対する政治の介入と、「政教分離」「信教の自由」の原則の否定を招来することを警戒し、カトリックによる政治活動を含む実践・行動の根底には「神と人に対する愛」があり、それはこの原則の範囲にとどまるものだと強調した。

その上で声明は、宗教団体自身が自主的に活動や財務報告のあり方を検討して実現すること、宗教団体が自主的に各界に広く協力を呼びかけて第三者的機関を設置し、宗教法人法の具体的な見直しを検討すること、「信教の自由」に配慮しつつ、公教育のカリキュラムに「宗教のあり方や意味について」の授業導入を呼びかけること、を提言している。

京都仏教会の呼びかけ

一九九八年六月、京都仏教会は「宗教法人法改正の問題点——宗教法人法一部改正による書類提出の拒否についての呼びかけ」と題する声明文をホームページ上に公開した。

声明文は、法改正はオウム真理教事件による世間の宗教への不信感を背景に、政府・与党が野党の支持母体である創価学会の政治活動を封じ込めるために行ったとした上で、宗教法人法が宗教法人を管理・監督・保護・罰則を加える法律だという誤解が存在するが、オウム事件の再発防止は消防法、建築基準法、刑法等の一般の「法規制」によって可能であり、宗教法人法改正によって所轄庁に権限を与えて官僚の「裁量によって規制」することは、「信教の自由」の侵害を招くと懸念を表明した。

宗教法人審議会も「官庁の主導」で強引に審議が進められたが、それは宗教団体法によって所轄官庁が「信教の自由」を侵害した過去を繰り返すものだと批判し、新たに提出を求められた書類についても、「信教の自由」という「人間の内面の自由」に係わる事柄を所轄庁が管理・監督するものだとして、宗教法人の透明性の確保は自発的に行われるべきものであり、「宗教情報センター」を設立して、霊感商法などの社会問題を日弁連、宗教法学界等と連携して積極的に対処することを提言し、書類提出を拒否すると発表した。

これによって宗教法人法の精神をも守りうるとして、同会は他の宗教法人に対しても書類提出拒否を呼びかけている。

「信教の自由」の観点から行政機関による干渉を警戒・拒否し、法改正を政争の結果と捉えて批判しながら、自治機関として自主的な第三者機関を設置する点は、両者に共通するものである。

5 新聞の論調

『読売新聞』『産経新聞』

宗教法人法改正案成立を受けて、『読売新聞』は一九九五年一二月九日付朝刊に「タブーに取り組む起点　宗教法人法改正成立　政策決定は不透明」と題する解説記事を掲げた。

同紙は、戦前の国家による宗教迫害を受け、戦後は宗教問題をタブー視する風潮が生まれたとして、改正論議はこの点に踏み込んだと評価した上で、オウム事件によって明らかになった法律の不備を補うという政府の主張は、「信教の自由」の侵害と国家の宗教弾圧という戦前回帰への懸念より説得力があったという。

創価学会攻撃という自民党の政治的思惑は警戒する必要があるが、新進党が主張したように、これが国家の宗教弾圧につながるほど戦後民主主義の基盤は脆弱ではないとしつつ、宗教法人審議会で半数近い委員が手続きに異論を唱えたのを無視する形になったことには、審議会を「隠れ蓑」として政策決定しようとする「役所」の意図を見てとっている。

同紙は一一月二三日付朝刊の紙面で宗教法人法改正に関する世論調査の結果を掲載しているが、改正に賛成が八二・七％、反対が八・三％、となっており、改正は「十分だ」と「不十分だ」が拮抗しており、宗教団体が政治や選挙に関わることには、「問題ない」は八・七%、「望ましくない」が六三・八%となっている。

同紙より踏み込んで法案賛成の姿勢を示したのが、『産経新聞』である。『産経新聞』の一二月九日付朝刊「主張」欄に掲載された「「開かれた宗教」を目指せ」は、宗教団体をめぐる問題は多岐にわたり、改正法ですべては解決できないが、「必要最小限の法的対応を可能にした」という点で、これを評価している。

改正法は「信教の自由」と「政教分離」という原則を踏まえつつ、所轄庁の役割や権限を「明確」にしたとして、主な改正点を示し、宗教団体側には、改正法が法人の自主的運営を侵害するという批判があるが、公益法人として社会的責任を果たすためには、「この程度」の義務と所轄庁の権限は当然ではないかという。

これを期に、「社会に閉じた宗教」から「社会に開いた宗教」への脱皮を期待する同紙は、法人の会計基準や信者の勧誘ガイドラインを自主的に作成するなど、法人自身が運営の透明性を高め、トラブルの相談を受ける「宗教情報センター」の設置も進めてほしいと要望した。

優遇税制の見直しや政教分離の解釈問題は先送りされたため、課税の強化を必要とするとともに、「宗教団体の政治活動を排除していない」という政府見解を変えなかった政府に対し、「政治的駆け引き」や「党利党略」を排した論議を期待するとしている。

『朝日新聞』『毎日新聞』『日本経済新聞』

法改正が政争の具と化したことを懸念しつつ、政府に慎重な法運用を求めたのが、『朝日新聞』と『毎日新聞』である。

『朝日新聞』は一九九五年一二月一〇日付朝刊に掲載した社説「宗教論議をもっと深めたい」で、改正内容をおおむね「妥当」としつつ、「政党と宗教団体」の問題を中心として、露骨な「党利党略の駆け引き」が見られたことに懸念を示した。

同紙は、宗教法人審議会や公聴会で、宗教に対する「国家権力の介入」が警戒された点を挙げて、改正法の運用にあたっては「信教の自由」を損なわないよう慎重な配慮が必要だと論じている。施行までに決める細則では、「行政の独走」を許さないよう留意してほしいとも述べた。

脱税などで問題となる教団が珍しくないとした上で、同紙は「第三者の目」を意識することで運営に緊張と節度がよみがえるとし、宗教界が不信の解消と自己改革に努め、自律的な協議機関や「宗教法人情報センター」を早期・自主的に設置すべきだと提唱し、それが「権力」への「防波堤」になるのではないかと期待を寄せている。

『毎日新聞』は同月八日付朝刊の社説「宗教法人法――改正後の法運用は慎重に」で、改正法の概要を紹介し、質問権の行使には宗教法人審議会の意見を聞く形で「一応の歯止め」が施されたと評した上で、オウム真理教のような犯罪行為の再発防止が目的であったはずが、創価学会をターゲットにすることになり、その結果「法案の吟味」が不十分に終わったと苦言を呈している。

信者ら利害関係者に書類閲覧請求権を認めたが、信者なら誰でもよいのか、利害関係者とはどこまでを指すのか、などの論点において、国会質疑は低調に終わった。その背景には、創価学会だけでなく、自民党も集票基盤としている宗教団体の「政治への過大な影響力」があったとする同紙は、改正後も同法は教団の自律、自浄を原則としており、国家権力が恣意的に法人運営の方向を規制することは違憲であるとして、政府に慎重な法運用を求めている。

『日本経済新聞』は、独特な評価を示した。一九九五年一二月九日付朝刊の社説「社会の負託にこたえる宗教法人に」は、改正はオウム真理教事件をきっかけとしているが、これを世論が後押ししたのは詐欺的商法の横行や、公益性に疑いのある一部教団の活動に強い疑問が抱かれたためだとし、改正によってすべての問題を解決することは難しく、また行政機関に宗教法人に対する「監督」や「規制」の強化を求めるのも法の趣旨に反するという。

同紙は、改正によって書類の提出・閲覧が可能になり、質問権が行使できることになったのは、宗教法人の透明性と公益性を確保するための「最低限のルール」であるとして、宗教法人は税制上の恩典が与えられる以上、社会の負託に答えなければならず、オウムに引き寄せられたような若者の「心の渇き」を宗教者は受け止め、奉仕活動や文化活動に取り組むべきだと説いている。

同紙一〇月一七日付朝刊に掲載された世論調査では、宗教法人法は「早期に改正すべきだ」が五六・七％、「議論が不十分なので慎重に取り組むべきだ」が三五・九％、「改正に反対だ」は二・九％となっている。

6　国会審議の経過

趣旨説明と最初の論点

低調に終わったとされる国会審議について、確認しておこう。

一九九五年一〇月三一日の衆議院本会議で宗教法人法改正案の趣旨説明に立った島村文相は、同法は憲法で定められた「信教の自由と政教分離」の原則に則ったものであり、宗教法人の自由と自主性、責任と公共性を基本としているが、「社会状況」や「宗教法人の実態の変化」に鑑みて「最小限の見直し」が必要になったとして、法案の概要を説明している。

まず質問に立った松永光《まつながひかる》（自民党）は、オウム真理教事件を踏まえ、国民は同教に法人格が付与された理由や、所轄庁がその活動内容を把握していなかったことを問題視しており、その点で改正が必要であれば、国会の責任として改正すべきだと述べた上で、「宗教への国家統制」、「信教の自由に対する侵害」といった一部の主張などについて、政府の姿勢を問うた。

村山富市《むらやまとみいち》首相がこれに対して、同法は実情に合わなくなっており、改正は「必要最低限」のものだと述べ、島村は所轄庁によって宗教法人の活動が制限・干渉されることはなく、「信教の自由」を侵害するものでもないと強調し、現行法では所轄庁に法人の実態を把握する仕組みがないため、書類の提出を求めることにした、などと回答した。

これに対して鳩山邦夫《はとやまくにお》（新進党）は、宗教法人法のような憲法上の原則である「信教の自由」に関わる法律が「政治的な意図や宣伝」によって「精神」までねじ曲げられている現状は「憂慮」に堪えず、「憲法の危機」ではないかと述べ、法改正の目的は「本当は全く別のところ」にあるのではないかと追及している。所轄庁への報告義務や質問権の設定は、「信教の自由」の原則に反するのではないかとも論じた。

村山は、改正の目的はあくまで社会や宗教法人の実態の変化に応じたもので、宗教法人審議会の報告を尊重した上で、「信教の自由」と「政教分離」の原則を遵守し、適正な運用を確保するべく、「必要最小限の改正」を施すため、「信教の自由」を侵すことはないと答弁している。

一一月六日の衆議院宗教法人に関する特別委員会でも鳩山は、改正とオウム真理教事件は意図的に結びつけられたもので、凶悪事件を政治利用して「新進党対策」「創価学会対策」を試み、その手段として宗教法人法が持ち出されているのではないかと論じた。村山はそうした意図はないと答えたが、鳩山は「問題のすりかえ」だと納得しない。

鳩山は、宗教団体法や「国家神道」による宗教弾圧についての認識も問うているが、村山は「暗い時代」はよく記憶しているが、改正が「信教の自由」を侵害することはなく、細かく指摘してほしいと答え、鳩山は質問権の行使を挙げて、「宗教の中身」に立ち入ることもあるのではないかと指摘したが、その後、論点が創価学会問題に移ったため、政府側は特に答弁していない。

参議院での質疑と国会答弁の特徴

参議院でも一一月二七日から宗教法人等に関する特別委員会の実質的審議がはじまり、冒頭で取り上げられたのは創価学会問題だったが、関根則之（自民党）からは「必要最小限度」ではだめで、これを期に「宗教団体の宗教活動に手を突っ込んでいく」ことになってはならないとの発言があった。島村はあくまで所轄庁としての責任を果たすための「最小限の改正」だと応じている。

公明党出身の荒木《あらき》清寛《きよひろ》（新進党）からは「信者というのは何を指す」のか質問があり、島村は寺院の檀徒、神社の氏子といった「法人と継続的関係」があり、その財産形成に貢献している者や総代、教師を指すとし、「利害関係人」は「債権者」や「保証人」といった契約関係にある者、被害者、包括・被包括関係にある宗教法人などを指すと説明した。

一二月八日の参議院本会議でも、冒頭で公明党出身の山下栄一《やましたえいいち》（新進党）が、「党利党略」のために「役に立たない」改正を性急に行うのは、国民への背信行為だとして、宗教団体が反対声明を出す中、なぜ政府はその声に耳を傾けないのかを問い、改正によって「信教の自由擁護法」が「管理統制法」に変わってしまうと懸念を示している。

続いて関根が演壇に立ち、国民の八割以上が改正を必要としている以上、改正してその声に応えるのが国会の責任であり、改正は「信教の自由」と「政教分離」を踏まえた「必要最小限度」のものであるとして法案に賛成し、討論が終結、採決の結果、賛成多数で改正法案は可決されている。

議場では、改正法案の意図や解釈をめぐって議論が一定程度深められたものの、政府・与党は「必要最小限度」の一点張りで、運用の具体像は見えにくく、質疑の多くが創価学会問題に割かれる形となった。最大の論点が、池田《いけだ》大作《だいさく》・創価学会名誉会長の参考人招致にあてられたことは、それを象徴している。

新進党にとって自民党の改正案は「党利党略」だったが、新進党の背後に創価学会の影を見ている自民党にとっても、新進党の改正案反対は「党利党略」に映ったに違いない。結果として、言論空間でさかんに議論された行政機関による「信教の自由」への介入という長年の論点は、議場では十分に煮詰められないままとなった。

終　章
「信教の自由」のために——旧統一教会問題と第三者機関設置・民主的統制

1　旧統一教会への宗教法人解散命令請求

宗教法人法解釈変更の経緯

安倍晋三《あべしんぞう》元首相の銃撃事件を契機として、旧統一教会（宗教法人世界平和統一家庭連合）が起こしてきた各種トラブル、宗教二世問題などへの注目が集まり、議会・政府としても、さまざまな対応を迫られた。本書執筆時点（二〇二四年二月一六日）の主なものは、旧統一教会への解散命令請求、消費者行政面での被害者救済、財産保全面からの被害者救済で、いずれも現行法の解釈変更や改正、新法の制定を伴うものである。

まず解散命令請求は、宗教法人法に関する政府の解釈変更を受けて行われた。国会での議事を確認しておくと、二〇二二年（令和四年）一〇月一八日の衆議院予算委員会で宮本徹《みやもととおる》（日本共産党）が解散命令請求を取り上げ、旧統一教会の不法行為責任や使用者責任を認めた民事裁判の判決は多数あるが、政府は従来、解散命令請求の要件を「刑法等の違反」に限り、民法の不法行為責任は入らないとする解釈をとって、解散命令請求から背を向けてきたと指摘し、民事裁判の不法行為責任や使用者責任を含めて運用すべきではないかと問うた。

これに対し岸田文雄首相は、政府解釈は変わっておらず、刑法等の実定法規が定める、内容が具体的かつ明確に定まったものを対象としており、「民法はこれには該当しない」と答弁している。

翌日、参議院予算委員会で小西洋之《こにしひろゆき》（立憲民主党）がこの発言を受けて、政府解釈は「自民党と旧統一教会の癒着のなれの果て」であり、これを撤回・修正するよう要求すると、岸田は、政府で「考え方を整理」したとして、旧統一教会に対する民事判決や被害相談などを踏まえた上で、行為の「組織性」や「悪質性」、「継続性」などが認められ、宗教法人法が定める「法令に違反して、著しく公共の福祉を害すると明らかに認められる行為」または「宗教団体の目的を著しく逸脱した行為」をしたと考えられる場合は、「民法の不法行為も入り得る」との考えを示した。

小西はこれを政府見解として受けとってよいか確認したが、岸田は政府としての考え方を整理したものだと回答し、小西は「朝令暮改《ちょうれいぼかい》」にも程があるが、被害者や国民にとっては大きな一歩だと評した。民法上の不法行為責任や使用者責任も対象となるか確認した小西に対し、岸田はこれも入りうると答弁している。

解散命令請求の理由

文化庁は、同年一一月から旧統一教会に対して宗教法人法に基づく質問権を行使し、弁護士や被害者などからも情報を集め、翌年一〇月一三日、東京地裁に対して解散命令を請求するにいたった。

文科省は、旧統一教会は一九八〇年頃から、「長期的」「継続的」に財産取得を目的として献金獲得や物品販売にあたり、多数の人々を「不安」や「困惑」に陥れて「自由な意思決定」に制限を加えて、財産的被害や精神的犠牲を与え、親族を含めた生活の平穏を害する行為をしたとして、これらを「本件対象行為」と位置付けている。

その根拠として同省は、正体を明らかにしないまま伝道・教育などを行った未証《みあか》し勧誘や先祖の因縁を語って不安をあおったこと、「不相当」に高額な献金をさせたこと、これらには「マニュアル」が存在すること、損害賠償請求を認容する民事判決が三二件、認容金額等が合計約二二億円、和解や示談などに応じた人数が約一一五〇人、解決金等の総額が約二〇四億円に上ること、などを示した。

その上で同省は、宗教法人格は民法を根拠とし、公益に資する存在であることを理由に付与されており、民法の規律や秩序に反する行為を解散命令請求の対象から排除すべき理由はないといった解釈を示し、「本件対象行為」は民法上の不法行為に該当し、被害も甚大であるため、「著しく公共の福祉を害すると明らかに認められる」上、「著しく目的を逸脱する行為」にも該当するなどとして、旧統一教会の法人格は「不法行為」や「目的逸脱行為」による財産獲得の受け皿として機能したと結論している。

解散命令請求を東京地裁がどう判断するかはまだわからず、最高裁まで争われる可能性が高いが、最終的に命令が出た場合、この事例が大きな前例となることは間違いない。それ以降は、文化庁が宗教法人の実態を把握し、不法行為の「組織性」「悪質性」「継続性」を判断していく必要性と重要性が高まるため、必然的に行政機関の裁量と判断の余地が拡大されることになる。

2　被害者救済――消費者行政の観点から

新法の制定

旧統一教会の被害者をどのように救済するのか。まず政府がとったのが、消費者契約法の改正を含めた、消費者行政の観点からの救済措置である。

国会の議事を確認しておくと、岸田首相は右の解釈変更の前日、衆議院予算委員会で、今後の被害を防止するため、「消費者契約等の法制度の見直し」を進めると発言し、その前日の同委員会では、消費者庁に設置された有識者会議の意見が取りまとめられたため、消費者契約法等を改正して、契約の取消権の対象を拡大し、法テラスなどの相談体制を強化する、などと述べていた。

有識者会議の取りまとめを受けて政府は、被害者救済に向けた新法制定と法改正に取り組みはじめ、一一月二八日の衆議院予算委員会で岸田は、寄附の勧誘にあたって「配慮義務」を規定し、「信教の自由」や「財産権の保護」といった憲法の要請の範囲内で、「禁止行為」や「取消権」の対象を拡大すると発言した。

こうして、一二月一日に「法人等による寄附の不当な勧誘の防止等に関する法律」案が国会に提出され、衆議院での修正議決を経て、同月一〇日に参議院で可決、成立した。翌年一月五日、四月一日と段階的に施行されて、六月一日に全規定が施行されている。

新法の特徴

同法は、不当な勧誘を防止するために、「配慮義務」や「禁止行為」、「違反に対する措置」、「寄附の意思表示の取消し」などを定めたもので、消費者庁はホームページ上に掲載したQ&Aで、「禁止行為」として、「入信当初」に「身内の不幸等」を告げて「不安」をあおり、「教義」と称して、身内の「不幸」を回避するための「手段」として「寄附」するよう教え込み、「困惑」させて寄附を勧誘する場合などを例示している。

「禁止行為」として同法は、「困惑」させて寄附させてはならないと規定しているが、消費者庁は消費者契約法における「困惑」の解説を踏襲して、「困惑」とは、「困り戸惑い」、どうしてよいか分からなくなるような、精神的に「自由な判断」ができない状況を指す、と定義した。

同法では、「配慮義務」に対する違反について消費者庁は、勧告、公表、報告徴収ができ、「禁止行為」違反についても勧告、公表、報告徴収に加えて、命令することができるとし、被害者救済のため日本司法支援センター（法テラス）と関係機関・団体との連携を強化することも盛り込んでいる。

行政上の勧告や命令に加えて、同法の施行のために必要な事項は命令で定めるとしているなど、消費者庁に法解釈と法運用の多くを委ねる法律となっているのが、特徴的である。同法では「信教の自由」に十分配慮し、政府は施行後二年を目途として検討を加えることとなっているが、誰がどう配慮するのかは定かでなく、検討するのも「政府」自身であって、国会ではない。

このほか、消費者契約法が改正されて、霊感商法による契約の取消期間を、契約締結から一〇年（改正前は五年）に延長したほか、独立行政法人国民生活センター法が改正され、重要消費者紛争手続（ＡＤＲ）と呼ばれる裁判外での和解の仲介と仲裁を利用しやすくした。

3　被害者救済――財産保全の観点から

特例法制定の経緯

解散命令が視野に入ってきたことで問題点として浮上したのが、財産保全の問題である。解散命令が出る前に、旧統一教会の保有資産が海外に流出して被害者救済にあてられなくなってしまうことが懸念され、野党が同教会の財産保全に関する法案を提出することとなり、政府・与党も「信教の自由」や財産権に抵触しない範囲内で、財産保全に乗り出す必要性に迫られることになった。

野党側は解散命令前に財産保全を可能にするよう求めたが、政府・与党側は憲法上の原則から慎重姿勢をとり、最終的に、解散請求をされた宗教法人は不動産を処分する際に国に通知することや、法テラスを通じた民事訴訟支援を柱とする特例法の制定を目指すこととなり、野党との調整の結果、施行後三年を目途に規定を検討するとの修正が加えられ、二〇二三年一二月五日に衆議院で自民党・公明党・国民民主党の法案が可決、一三日に参議院でも可決、成立した。

柴山昌彦《しばやままさひこ》・元文部科学大臣は一二月一日の衆議院法務委員会で、法案は「指定宗教法人」に指定された場合、不動産の処分について、事前に通知させ、財産処分や資産状況を所轄庁が把握し、財産の隠匿などを抑止するものだと述べ、五日の同委員会では、指定宗教法人のうち、「財産の隠匿又は散逸のおそれがある」と認めた場合、特別指定宗教法人に指定すること、などの規定案を説明した。

この日、同委員会で西村智奈美《にしむらちなみ》（立憲民主党）から法施行から三年後に検討するのでは「悠長」だとの指摘があると、柴山は「具体的に検討するべき課題」が生じた場合は三年を待たずに検討を加えると回答して、一二日の参議院法務委員会でも牧山《まきやま》ひろえ（立憲民主党）からこの旨を附帯決議とするよう提案があって可決された。

法律の特徴

この法律は二〇二三年一二月三〇日に施行されたが、所轄庁は解散命令請求の対象となった法人について、宗教法人審議会の意見を踏まえて、「被害者が相当数存在することが見込まれる」場合などに指定宗教法人に指定することができ、指定された宗教法人は不動産の処分や担保としての提供にあたって、事前に所轄庁に通知する義務が課され、財産目録や収支計算書、貸借対照表を四半期ごとに提出することになった。

所轄庁は、対象宗教法人が財産の隠匿・散逸の恐れがある場合、これを「特定指定法人」に指定することができ、この場合は被害者などが財産目録などを閲覧できる。文科省は翌年一月四日から二月三日にかけてパブリックコメントを実施し、二月一五日に文科相が決定した指定基準では、被害者が数十人程度いれば「相当多数」に該当し、指定の検討にあたっては宗教法人に任意の質問を行い得ることや、宗教法人側に弁明の機会を与えることなどが定められた。

この法律も、どの宗教法人を指定法人、特定指定法人とするかの判断、その判断基準の設定を所轄庁に委ねており、やはり行政機関の運用に任せる面が大きくなっている。

4　第三者機関設置と民主的統制

「信教の自由」と第三者機関

これまで見てきたように、旧統一教会の解散命令請求や消費者行政・財産保全面からの被害者救済の枠組みでは、行政機関の裁量と運用に委ねる余地が大きくなっている。

行政機関が肥大化し、それが「信教の自由」と密接に関連する可能性が高いことを考慮すると、我々はこれまで長い間、行政機関の介入から「信教の自由」を守るために、知識人や宗教者などが奮闘してきた日本の近現代史を、改めて回顧せざるを得ない。

もとより、宗教法人の公益性や社会的責任、問題の再発防止、被害者の救済、宗教二世の問題等を鑑みれば、ただ行政機関の介入に反対していればよいわけではない。

そこで考慮すべきだと考えられるのが、一九九五年の宗教法人法改正時に、法学者や宗教界、メディアの多くが支持していた「宗教情報センター」などの民間第三者機関の設置である。

「宗教情報センター」は、一九九五年（平成七年）九月二九日に宗教法人審議会がまとめた「宗教法人制度の改正について」で提唱されたものであった。同審議会は、宗教に関する「情報提供」や「苦情相談」などを行う組織として「宗教情報センター」などの設置を求める声が強いとして、宗教関係者をはじめとして、弁護士や宗教学者、心理学者、学識経験者などの関係者が連携・協力して、自主的に設置・運営することを検討すべきだと提唱している（「宗教法人審議会報告の全文」）。

『朝日新聞』一九九五年一〇月二二日付朝刊によると、新進党の幹事長だった小沢一郎《おざわいちろう》は二一日の記者会見で、第三者機関で「公正」、「客観的」に改正の結論を出すべきだとして、民間有識者による協議機関の設置を求めているが、当時展開されていた「党利党略」を考えても、議会から分離して議論する場を設定することは、必要なことと考えられる。

なお現在、「宗教情報センター」が活動しているが、宗教に関する情報提供や研究支援、啓発活動を行うもので、こうした構想を具現化したものではない。

第三者機関構想

これらを踏まえて、宗教に関する民間第三者機関を創設するとした場合、そこに求められる機能は、どのようなものだろうか。

まずは苦情の受付や紛争の仲裁・仲介、そのための審査・調査、情報提供や政策提言、宗教・宗派間連携、そして布教、伝道、勧誘や寄附などに関するガイドラインの設定などが想定され、審査・調査結果を公表して、苦情の対象となった宗教法人に提言や要望、勧告を行い、これに従わない場合は文化庁や消費者庁、都道府県に情報提供して、行政機関の権限執行に接続させることも必要だと考えられる。行政機関の強制力を最終的に担保しない限り、提言や勧告に説得力や強制力を付与することはできないだろう。

機関の運営資金は全宗教法人から薄く広く集めるが、あわせて、被害者救済の基金を創設して資金提供を募り、第一義的に被害者救済にあたるべき当該宗教法人がその機能を発揮しない場合、第二義的に被害者を救済することも視野に入れておきたい。

機関の意思決定を行うメンバーは、宗教連合団体や宗教法人の代表者に加え、宗教学・法学・心理学などの専門家となり、その点では宗教法人審議会と似た構成になるが、主体はあくまで宗教団体・宗教法人であり、専門家はアドバイザー的な役割に止まることになろう。事務局やカウンセラーや心理士などによる相談窓口を常設し、仲介・調査・提言のための宗教学・法学専門のスタッフを雇用・契約する必要性がある。

代表者を出す宗教連合団体や宗教法人は、大規模な団体や法人に偏りやすいため、信者が少数の宗教法人にも配慮し、窓口をオンラインなどに拡大するとともに、スタッフの専門性もその点を考慮して採用・育成すべきであろう。

フランスと他の自由権の事例

フランスでは、二〇〇二年に首相直轄の機関として「関係省庁セクト逸脱行動に対する警戒・対策本部（ミビリュード）」が設置され、自由の侵害や公共秩序の脅威、法令違反などを行う団体の監視、分析、情報発信、被害者からの相談受付などを担っており、一つの参考例となるが、こうした取り組みを民間主導で行うことが重要である。

『毎日新聞』一九九六年六月七日付朝刊によると、文化庁が日本宗教連盟に対し、情報提供・相談機能を持つ「宗教情報センター」の設置計画に着手する意欲を見せたところ、連盟側からは、官主導は政教分離上問題があり、民間が受け皿となるべきだと反発を招いたという。

奥田《おくだ》幹生《みきお》文相は、同年二月二九日の衆議院予算委員会第三分科会で同センター構想について富田茂之（新進党）から問われた際、「政府」や「役所」ではなく、「宗教家」や「弁護士」、「学識経験者」が開設するもので、文部省や文化庁が「主導」するわけではないと答弁しており、富田もその点を不安に感じる宗教関係者が多いと応じていた。

文化庁側も当時、こうした懸念に対して、同センターは民間の自主的運営とする点を強調したが、「信教の自由」に対する指導・統制や官僚の天下りに対する懸念の声は絶えなかった。新たな組織は、あくまで民間、宗教主導とすべきであろう。

一九九五年から現在までの間で、「信教の自由」以外の基本的人権をめぐっても、第三者機関が関与する例が増えてきた。

例えば「言論・表現の自由」に関しては、二〇〇三年にＢＰＯ（放送倫理・番組向上機構）が発足し、放送における言論・表現の自由を確保し、視聴者の基本的人権を擁護するべく、放送への苦情や放送倫理の問題に対応している。ＮＨＫと民放連によって設置された第三者機関で、視聴者などから問題が指摘された番組・放送を検証し、放送界全体や特定の局に意見や見解を伝え、一般にも公表して、放送界の自律と放送の質の向上を促しており、その勧告は重く受け止められている。弁護士やメディア学、憲法学などの専門家などで構成され、総務省による直接的な行政指導を抑止する役割を果たしてきた。

「学問の自由」についても、二〇〇四年に大学が認証評価機関による第三者評価を受け、これを公表する制度が導入されている。日本私立学校振興・共済事業団が、ガバナンスの機能不全などを理由に、日本大学に対する二〇二三年度の私立大学等経常費補助金不交付を決定したことも、記憶に新しい。これらも、文部科学省による直接的な大学評価や、それによる補助金交付といった、「学問の自由」や大学自治への介入を防ぐための仕組みという側面がある。

「信教の自由」について、こうした第三者機関が存在しないこと自体、もはや違和感があると言わざるをえない。なお、国際宗教研究所宗教情報リサーチセンターは、宗教法人法改正時の第三者機関構想が立ち消えていく過程で設立され、宗教情報のリサーチ、情報提供とともに、宗教トラブルに対する対応窓口も紹介している。宗教連合団体などの協賛金で運営されており、これを充実・強化するという可能性もあろう。

民主的統制の枠組み

民間第三者機関の設置が、宗教団体・宗教法人による「下から」の行政機関拡大に対する抑制装置であるとすれば、「上から」の行政機関拡大への抑制装置も考慮しなければならない。立法府、すなわち国会による行政監視がそれである。

総務省には行政評価局があるが、あくまで行政機関による行政機関の評価であり、日本では国会による行政機関の監視といった機能が、長らく軽視されてきた。

そうしたなかでも、議会に行政を監視する枠組みがないわけではない。参議院改革の一環として、一九九八年に同院に行政監視委員会が設置されており、行政監視、行政評価、行政への苦情対応などにあたり、政府に改善を促進してきた。

これまで同委員会は、国家公務員の不祥事再発防止や警察の信頼回復、会計検査院の検査体制強化などに取り組んでおり、二〇一八年に発表された参議院改革協議会報告書は行政監視機能の強化をうたい、政府側からの報告聴取や苦情窓口の設置、委員数の増員などを盛り込んでいる。

特定の事案について、国会が行政を監視する経験も蓄積されてきた。二〇一一年の東日本大震災における原発事故については、国会に東京電力福島原子力発電所事故調査委員会が設置されて調査にあたり、報告書を提出しているし、二〇一四年に施行された特定秘密保護法については、国会に情報監視審査会が設置されて特定秘密保護制度の運用を常時監視し、特定秘密の指定、解除、適正評価の実施状況の調査などの機能を担っている。

宗教法人に関しても、こうした枠組みを活用した行政監視の導入が期待されよう。民主的統制を欠くことは、行政機関の肥大化につながる懸念がある。宗教法人法では、報告徴収・質問権行使にあたって所轄庁が宗教法人審議会の意見を聞くことになっているが、審議会は国民の代表ではなく、文科相の諮問機関に過ぎない。

消費者庁の報告徴収に関しては審議会すらなく、二年後の法律検討の主体も「政府」となっており、財産保全についても三年後の検討は「政府」が行うこととされている。民主主義国家としてこれが望ましいことなのか、あらためて立ち止まって考える必要があろう。

イギリスで宗教団体法制の中心となっているチャリティ法では、チャリティ委員会（非大臣官庁）が年次報告書を作成して公表し、議会に提出することになっており、同委員会は議会による監視対象とされている。

文部科学省や文化庁、消費者庁はせめて、法律の運用実態に関する報告書を作成して国民に公表し、国会に報告すべきだろう。

逆に言えば、民主主義国家においては、国民の代表である議会が行政機関を監視する枠組みが設定されていることを前提として、行政機関が宗教団体から情報収集することを可能としており、議会の監視や議会での報告の機会が担保されることは、行政機関の権限の行使に抑止効果を生み、「信教の自由」を守ることにもなる。諸外国の情報機関に議会への報告義務が課されているのも、同様の理由によっている。

バンス宗教課長の「理想」

これは現代において「信教の自由」を確保する上で重要な要素であり、宗教側は民間の自主的第三者機関を設立することとセットとして、行政機関の肥大化に対峙すべきだと思われる。

最後に、戦後の宗教法制の策定に重要な役割を果たした、GHQのバンス宗教課長の言葉を紹介しておきたい。

バンスは一九四八年（昭和二三年）一〇月の記者会見において、文部省宗務課があると宗教団体はこれに依存して自立できず、新憲法下ではどの課も宗教を支配してはならないとした上で、「理想的な形」は、宗教団体が政府から離れて「強力な自主機関」を作り、専門の法律家を雇って機能を強化し、政府との交渉にあたることだと述べている（「社会通牒の緩和について總司令部で目下検討中　ヴァーンズ宗教課長記者団に言明」）。

宗教法人の自由・自主・自治を前提とした戦後の宗教法制は、こうした行政機関重視・行政機関依存からの脱却と自主的機関の設置を理想として設計されていたことを、今一度想起したい。

参考文献

著書

青木周蔵著／坂根義久校注『青木周蔵自伝』（東洋文庫、一九七〇年）
赤澤史朗『近代日本の思想動員と宗教統制』（校倉書房、一九八五年）
家永三郎・松永昌三・江村栄一編『新編 明治前期の憲法構想』（福村出版、二〇〇五年）
伊藤博文著／宮沢俊義校注『憲法義解』（岩波文庫、二〇一九年）（初出・一八八九年）
井上恵行『宗教法人法の基礎的研究』（第一書房、一九六九年）
大石眞『憲法と宗教制度』（有斐閣、一九九六年）
大原康男『神道指令の研究』（原書房、一九九三年）
小川原正道『近代日本の戦争と宗教』（講談社選書メチエ、二〇一〇年）
小川原正道『大教院の研究――明治初期宗教行政の展開と挫折』（慶應義塾大学出版会、二〇〇四年）
小川原正道『日本政教関係史――宗教と政治の一五〇年』（筑摩選書、二〇二三年）
小川原正道『日本の戦争と宗教 1899-1945』（講談社選書メチエ、二〇一四年）
奥平康弘『治安維持法小史』（岩波現代文庫、二〇〇六年）（初出・一九七七年）
川村覚昭『島地黙雷の教育思想研究――明治維新と異文化理解』（法蔵館、二〇〇四年）
キリスト教史学会編『戦時下のキリスト教――宗教団体法をめぐって』（教文館、二〇一五年）
小林和幸『明治立憲政治と貴族院』（吉川弘文館、二〇〇二年）
阪本是丸『国家神道形成過程の研究』（岩波書店、一九九四年）
坂根義久『明治外交と青木周蔵』（刀水書房、一九八五年）
佐藤達夫『日本国憲法誕生記』（大蔵省印刷局、一九五七年）
ジェームス・E・ケテラー／岡田正彦訳『邪教／殉教の明治――廃仏毀釈と近代仏教』（ぺりかん社、二〇〇六年）

衆議院調査部『宗教団体法案調査資料（調査資料第二七輯）』（衆議院調査部、一九三九年）
神社新報政教研究室編『増補改訂　近代神社神道史』（神社新報社、一九八六年）
新宗連調査室編『戦後宗教回想録』（新日本宗教団体連合会調査室、一九六三年）
末木文美士『近代日本の思想・再考Ⅰ　明治思想家論』（トランスビュー、二〇〇四年）
鈴木範久『信教自由の事件史――日本のキリスト教をめぐって』（オリエンス宗教研究所、二〇一〇年）
大霞会編『内務省史』第二巻（地方財務協会、一九七〇年）
瀧井一博編『伊藤博文演説集』（講談社学術文庫、二〇一一年）
中澤俊輔『治安維持法――なぜ政党政治は「悪法」を生んだか』（中公新書、二〇一二年）
新野和暢『皇道仏教と大陸布教――十五年戦争期の宗教と国家』（社会評論社、二〇一四年）
新田均『「現人神」「国家神道」という幻想――「絶対神」を呼び出したのは誰か』（神社新報社、二〇一四年）
新田均『近代政教関係の基礎的研究』（大明堂、一九九七年）
二葉憲香・福嶋寛隆編『島地黙雷全集』第一巻・第二巻・第五巻（本願寺出版部、一九七三年・一九七八年）
平野武『宗教と法と裁判』（晃洋書房、一九九六年）
平野武『政教分離裁判と国家神道』（法律文化社、一九九五年）
文化庁文化部宗務課編『明治以降宗教制度百年史』（原書房、一九八三年）
マーサ・ヌスバウム著／河野哲也監訳『良心の自由――アメリカの宗教的平等の伝統』（慶應義塾大学出版会、二〇一一年）
町泉寿郎編『レオン・ド・ロニーと一九世紀欧州東洋学――旧蔵漢籍の目録と研究』（二松学舎大学東アジア学術総合研究所、二〇二一年）
村上護『島地黙雷伝――剣を帯した異端の聖』（ミネルヴァ書房、二〇一一年）
安丸良夫『神々の明治維新――神仏分離と廃仏毀釈』（岩波新書、一九七九年）
山口輝臣『島地黙雷――「政教分離」をもたらした僧侶』（山川出版社、二〇一七年）
山口輝臣『明治国家と宗教』（東京大学出版会、一九九九年）
吉田久一『日本近代仏教史研究』（吉川弘文館、一九五九年）
Hans Martin Krämer, *Shimaji Mokurai and the Reconception of Religion and the Secular in Modern Japan*

(Honolulu: University of Hawaiʻi Press, 2015)
James Edward Ketelaar, *Of Heretics and Martyrs in Meiji Japan: Buddhism and Its Persecution* (Princeton : Princeton University Press, 1990)
Jason Ānanda Josephson, *The Invention of Religion in Japan* (Chicago: The University of Chicago Press, 2012)
Trent E. Maxey, *The "Greatest Problem": Religion and State Formation in Meiji Japan* (Cambridge: Harvard University Asia Center, 2014)

論文

阿部美哉「宗教法人法の成立とＧＨＱ」（『宗教法』第一一号、一九九三年三月）
阿部美哉「占領軍による国家神道の解体と天皇の人間化――ＧＨＱによるわが国体の変革」（井門富二夫編『占領と日本宗教』未來社、一九九三年）
荒井達夫「行政監視とは何か――行政監視の本質と委員会の在り方」（『立法と調査』第二九三号、二〇〇九年六月）
市原章三郎・田上穰治「第一委員会報告書案――基本的人権」（『憲法調査会第一委員会第四三回会議議事録』憲法調査会、一九六一年）
遠藤興一「宗教団体法と田川大吉郎」（『明治学院大学キリスト教研究所紀要』第三九号、二〇〇六年一二月）
大蔵親志「レオン・ド・ロニー研究――出生から若き洋学者との出会いまで」（『語学教育研究論叢』第一六号、一九九九年三月）
大澤広嗣「宗教団体法制定と文部省宗教局長の松尾長造」（『仏教文化学会紀要』第二二号、二〇一三年一一月）
奥平康弘・斉藤小百合「宗教団体法制定への動き（上）（下）」（『時の法令』第一五三六・一五三八号、一九九六年一二月・一九九七年一月）
奥平康弘・斉藤小百合「戦時下日本におけるキリスト教――その、ある側面」（『時の法令』第一五三〇号、一九九六年九月）
尾崎利生「国家と宗教――帝国憲法の原理と「信教の自由」規定を中心として」（『中京大学大学院生法学研究論集』第一〇号、一九九〇年三月）

尾崎利生「「信教の自由」規定の史的考察㈠――帝国憲法第二八条の成立過程を中心として」（『社会科学研究』第一一巻一号、一九九〇年一〇月）
尾崎利生「明治立憲主義と「信教の自由」規定――帝国憲法第二八条の成立過程を中心にして」（『東京家政学院大学紀要』第三〇号、一九九〇年七月）
川島祐一「十五年戦争下における「宗教団体法」とキリスト教――長野県内を事例として」（『頸城野郷土資料室学術研究部研究紀要』第一一三号、二〇二三年）
岸本英夫「嵐の中の神社神道」（脇本平也・柳川啓一編『岸本英夫集』第五巻・戦後の宗教と社会、渓声社、一九七六年）
栗田直樹・梅川正美「宗教法人法の立法過程」（『愛知学院大学宗教法制研究所紀要 宗教法制研究』第四五号、一九九二年七月）
ハンス・マーティン・クレーマ「近代日本における「宗教」概念の西洋的起源――島地黙雷のヨーロッパ滞在を中心に」（『宗教研究』第八八巻三号、二〇一四年一二月）
小島伸之「「国家神道」と特別高等警察」（國學院大學研究開発推進センター編『昭和前期の神道と社会』弘文堂、二〇一六年）
小島伸之「昭和戦前期日本の「宗教弾圧」再考――特別高等警察の目的と論理」（寺田喜朗・塚田穂高・川又俊則・小島伸之編著『近現代日本の宗教変動――実証的宗教社会学の視座から』ハーベスト社、二〇一六年）
小島伸之「信教自由に対する宗教団体法施行の影響」（『東洋学研究』第四六号、二〇〇九年）
小島伸之「「信教の自由」制限の困難性――戦前日本の宗教取締と現代フランスのセクト問題の比較から」（『目白大学短期大学部研究紀要』第四四号、二〇〇八年一月）
小島伸之「特別高等警察による信教自由制限の論理――皇道大本とひとのみち教団「不敬事件」の背後にあるもの」（『宗教と社会』第一四号、二〇〇八年）
小島伸之「明治三二年宗教法案論の再検討――「教会」「寺」「教派」「宗派」規定の法的性格」（『宗教と社会』第四号、一九九八年）
小林和幸「第二次山県内閣「宗教法案」をめぐる諸相」（『青山学院大学文学部紀要』第二九号、一九八八年一月）
古賀和則「宗教制度の改編過程――宗教行政を中心として」（井門富二夫編『占領と日本宗教』未來社、一九九三

年）
古賀和則「宗教法人法成立過程の予備的考察」（『宗教法』第九号、一九九〇年三月）
古賀和則「占領下における宗教行政の変容――文部省宗務課とＣＩＥ宗教課」（『宗教法研究』第一一輯、一九九二年六月）
佐藤文樹「レオン・ド・ロニー――フランスにおける日本研究の先駆者」（『上智大学仏語・仏文学論集』第七号、一九七二年一二月）
須賀博志「戦後憲法学における「国家神道」像の形成」（山口輝臣編『戦後史のなかの「国家神道」』山川出版社、二〇一八年）
髙野裕基「第一次宗教法案と明治二十年代の宗教争議――「都筑馨六文書」を中心に」（『神道宗教』第二四五号、二〇一七年一月）
竹内健太「国立大学法人運営費交付金の行方――「評価に基づく配分」をめぐって」（『立法と調査』第四一三号、二〇一九年六月）
竹前栄治「占領下の宗教改革――Ｗ・Ｋ・バンス博士にきく」（『東京経大学会誌』第一五〇号、一九八七年三月）
棚村政行「宗教法人法の改正」（『宗教法』第三五号、二〇一六年一一月）
谷口巌「レオン・ド・ロニー年譜及び著作目録ノート――その出生より明治六年まで（一八三七～一八七三）」（『愛知教育大学研究報告 人文科学・社会科学』第二七号、一九七八年三月）
出口栄二「日本の近代化と宗教――「信教の自由」の問題を中心として」（『社会科学討究』第二五巻三号、一九八〇年三月）
出口雄一「「皇道」と「邪教」のあいだに――第一次・第二次大本教事件と「国体」の語り」（『法と文化の制度史』第四号、二〇二三年一〇月）
中井純子「宗教団体法及び改正治安維持法の下での日本セブンスデー・アドベンチスト教団の弾圧」（『キリスト教史学』第六九号、二〇一五年七月）
新野和暢「宗教団体法にみる国家と「宗教」」（『アジア遊学』第一五一号・東アジアの王権と宗教、二〇一二年三月）
新田均「明治憲法下の政教関係」（『憲法研究』第五一号、二〇一九年六月）

新田均「近代日本政教関係の時代区分について」（憲法政治学研究会編『近代憲法への問いかけ――憲法学の周縁世界』成蹊堂、一九九九年）
根岸隆史「参議院における行政監視機能の強化――参議院行政監視委員会の動向を中心に」（『立法と調査』第四二七号、二〇二〇年九月）
林義大「戦前期日本における「宗教法人」制度の成立過程――法人法制としての宗教団体法」（『九州史学』第一八二号、二〇一九年二月）
林義大「明治三二年宗教法案における「宗教法人」構想」（『日本歴史』第八七五号、二〇二一年四月）
原誠「戦時期宗教団体法下におけるキリスト教」（『キリスト教史学』第六九号、二〇一五年七月）
平野武「宗教団体法下の本願寺派宗制」（『龍谷法学』第四二巻四号、二〇一〇年三月）
福嶋寛隆「海外教状視察――廃仏状況下の西欧」（『龍谷大学論集』第四一三号、一九七八年一〇月）
福嶋寛隆「近代天皇制国家の成立と信教自由論の展開」（二葉憲香・福嶋寛隆編『島地黙雷全集』第二巻、本願寺出版部、一九七三年）
福田繁「検証ＧＨＱの宗教政策」（井門富二夫編『占領と日本宗教』未來社、一九九三年）
藤原究「宗教団体法制の発展と展開」（『早稲田大学大学院法研論集』第一三四号、二〇一〇年）
堀口良一「長州出身者の反キリスト教論――木戸孝允・青木周蔵・島地黙雷の場合」（『帝塚山大学教養学部紀要』第四六号、一九九六年）
堀口良一「明治初年における島地黙雷の政教論の意義――中村敬宇・森有礼・福沢諭吉と比較して」（『近畿大学教養部紀要』第三一巻一号、一九九九年）
堀口良一「レオン・ド・ロニーの日本仏教に対する関心（Ⅰ）――島地黙雷との出会いを中心として」（『政治経済史学』第三四二号、一九九四年一二月）
堀口良一「レオン・ド・ロニーの日本仏教に対する関心（Ⅱ）――島地黙雷との出会いを中心にして」（『政治経済史学』第三四三号、一九九五年一月）
牧之内友「戦前期における文部省の宗教政策――「類似宗教」が「宗教結社」となるまで」（『北大史学』第四三号、二〇〇三年一一月）
町泉寿郎「第一次宗教法案と東本願寺――唐津高徳寺資料の紹介」（『二松学舎大学東アジア学術総合研究所集刊』

第四三号、二〇一三年三月）
松谷曄介「宗教団体法の成立と中国政策との関連」（『社会システム研究』第一一号、二〇一三年三月）
三井須美子「岡田良平と宗教法案（一）～（九）」（『都留文科大学研究紀要』第五八―六六集、二〇〇三年三月―二〇〇七年一〇月）
三井須美子「信教の自由と国民教育――宗教団体法案の議論とその結末」（『都留文科大学研究紀要』第六七集、二〇〇八年三月）
向井啓二「第一次宗教法案について」（日本仏教史の研究会編『日本仏教史の研究』永田文昌堂、一九八六年）
山田礼子「大学評価と資源配分の関係――国立大学法人と私立大学への新しい資源配分の仕組み」（『高等教育研究』第一三集、二〇一〇年七月）
山中弘次「十五年戦争期のバプテスト教会の戦争協力と葛藤――宗教団体法への対応」（『基督教研究』第八四巻一号、二〇二二年六月）
山谷清秀「「行政監視」は何を意味するのか」（『青森中央学院大学研究紀要』第三四号、二〇二一年三月）
渡辺治「天皇制国家秩序の歴史的研究序説――大逆罪・不敬罪を素材として」（渡辺治『天皇制国家の専制的構造（渡辺治著作集・第一巻）』旬報社、二〇二一年）（初出・一九七九年）
Chris BELOUAD「十九世紀フランス人東洋学者レオン・ド・ロニーによる日仏交流の記録――啓蒙雑誌 La Revue scientifique に掲載された記事をめぐって」（『フランス語フランス文学研究』第九六号、二〇一〇年三月）
Chris BELOUAD「「日本における新しい宗教――それはいかにして創られるのか」（一八七五年）――レオン・ド・ロニーと島地黙雷の対談について」（『仏蘭西学研究』第四一号、二〇一五年六月）
Chris Belouad, "Léon de Rosny et le《Bouddhisme éclectique》: un projet de syncrétisme spirituel dans la France de la fin du XIXe siècle",（『神戸女学院大学論集』第五九巻二号、二〇一二年一二月）
John Breen, "'Earnest desires': The Iwakura embassy and Meiji religious policy", *Japan Forum*, Vol.10, Issue.2 (1998)
Mick Deneckere, "Shin Buddhist contributions to the Japanese enlightenment movement of the early 1870s", Hayashi Makoto, Ōtani Eiichi, Paul L. Swanson eds., *Modern Buddhism in Japan* (Nagoya: Nanzan Institute for Religion and Culture, 2014)
Sabine Doering, "Lisco, Emil Gustav", Friedrich Wilhelm Bautz ed., *Biographisch-Bibliographisches Kirchenlexikon*,

Band 5 (Herzberg: Verlag Traugott. Bautz, 1993)
Hans Martin Krämer, "Even Three-Year-Old Children Know That the Source of Enlightenment is not Religion but Science": Modern Japanese Buddhism between 'Religion' and 'Science,' 1860s-1910s, *Journal of Religion in Japan*, Vol.8, Issue. 1-3 (2019)
Léon de Rosny, "Une religion nouvelle au Japon, Comment on crée une religion," *La Revue Scientifique de la France et de l'étranger*, 2 série, 4 année, numéro 45, 8 mai 1875《gallica.bnf.fr / Bibliothèque nationale de France》（二〇二四年三月三〇日アクセス）

新聞記事

「社会通牒の緩和について總司令部で目下検討中　ヴァーンズ宗教課長記者団に言明」（『中外日報』一九四八年一〇月一二日付）
「宗教法人審議会報告の全文」（『読売新聞』一九九五年九月三〇日付朝刊）
「宗教法人法改正でシンポ」（『産経新聞』一九九五年一二月二〇日付夕刊）
「宗教情報センター　宗教界と文部省「綱引き」」（『毎日新聞』一九九六年六月七日付朝刊）
「論議呼ぶ宗教情報センター　「宗教統制の恐れ」と警戒の声」（『朝日新聞』一九九六年九月一〇日付夕刊）
「「宗教情報リサーチセンター」今秋開設　計画の責任者・井上順孝氏に聞く」（『読売新聞』一九九八年七月二日付夕刊）
「宗教法人の透明性が問われる」（『読売新聞』一九九九年八月二二日付社説）
「カルト対策、一過性で終わらせず　先進国・フランスに学ぶこと　宗教法学会理事長に聞く」（『朝日新聞』二〇二二年一一月一日付朝刊）
「「霊感」を悪用する行為禁止　施行された新法を宗教法人関係者に説明」（『朝日新聞デジタル』二〇二三年一月二〇日）（https://asahi.com/articles/ASR1N6223R1NUTFL009.html）（二〇二四年一月三〇日アクセス）
「旧統一教会の解散、請求決定　長期の献金被害、不法行為を認定　文科省、きょうにも地裁に」（『朝日新聞』二〇二三年一〇月一三日付朝刊）
「旧統一教会：旧統一教会への解散命令請求　要旨」（『毎日新聞』二〇二三年一〇月一三日付朝刊）

「旧統一教会　財産保全巡り対応検討　自公幹事長ら一致」（『読売新聞』二〇二三年一〇月一九日付朝刊）
「第三者機関の創設を　慶大・小川原氏　宗教界に提唱」（『中外日報』二〇二三年一一月一日付）
「自公国と立維が修正協議　旧統一教会法案　立場の違い埋まらず」（『読売新聞』二〇二三年一一月三〇日付朝刊）
「旧統一教会　財産管理法案　成立へ　立維共も賛成　衆院可決」（『読売新聞』二〇二三年一二月六日付朝刊）
「財産管理法案　参院委で可決　旧統一教会」（『読売新聞』二〇二三年一二月一三日付朝刊）
「被害者救済法　対応指示」（『読売新聞』二〇二三年一二月二九日付朝刊）
「旧統一教会の指定検討へ　財産監視の強化対象　基準を決定・文化庁」（『時事ドットコムニュース』二〇二四年二月一五日）（https://www.jiji.com/jc/article?k=2024021500112&g=soc）（二〇二四年二月一五日アクセス）

その他

衆議院憲法審査会事務局「「日本国憲法の制定過程」に関する資料」（二〇一六年一一月）（https://www.shugiin.go.jp/internet/itdb_kenpou.nsf/html/kenpou/shukenshi090.pdf/$File/shukenshi090.pdf）（二〇二四年二月四日アクセス）
文化庁宗務課『海外の宗教事情に関する調査報告書』（二〇二二年三月）（https://www.bunka.go.jp/tokei_hakusho_shuppan/tokeichosa/shumu_kaigai/pdf/r04kaigai.pdf）（二〇二四年一月三〇日アクセス）
「アメリカの対日宗教政策」（『日本週報』第四四・四五号、一九四七年二月二日）
「宗教行政の中から――河和田唯賢氏に聞く（聞き手・古賀和則）」（井門富二夫編『占領と日本宗教』未來社、一九九三年）
「戦前の宗教団体法成立の頃――村上俊雄氏インタビュー（聞き手・林淳）」（『東京大学宗教学年報』第一四号、一九九七年）
「カトリック中央協議会ホームページ」（https://www.cbcj.catholic.jp）（二〇二四年一月三〇日アクセス）
「京都仏教会ホームページ」（https://www.kbo.gr.jp）（二〇二四年一月三〇日アクセス）
「国会会議録検索システム」（https://kokkai.ndl.go.jp/#/）（二〇二四年一月三〇日アクセス）
「国際宗教問題研究所宗教情報リサーチセンターホームページ」（https://www.rirc.or.jp/）（二〇二四年二月一六日アクセス）

「参議院ホームページ」（https://www.sangiin.go.jp）（二〇二四年一月三〇日アクセス）
「衆議院ホームページ」（https://www.shugiin.go.jp）（二〇二四年一月三〇日アクセス）
「宗教情報センターホームページ」（https://www.circam.jp）（二〇二四年一月三〇日アクセス）
「宗教倫理学会ホームページ」（http://jare.jp）（二〇二四年一月三〇日アクセス）
「消費者庁ホームページ」（https://www.caa.go.jp）（二〇二四年一月三〇日アクセス）
「帝国議会会議録検索システム」（https://teikokugikai-i.ndl.go.jp/#/）（二〇二四年一月三〇日アクセス）
「日本大学ホームページ」（https://www.nihon-u.ac.jp）（二〇二四年一月三〇日アクセス）
「ＢＰＯ（放送倫理・番組向上機構）ホームページ」（https://www.bpo.gr.jp）（二〇二四年一月三〇日アクセス）
「文化庁ホームページ」（https://www.bunka.go.jp）（二〇二四年二月一六日アクセス）
「文部科学省ホームページ」（https://www.mext.go.jp）（二〇二四年一月三〇日アクセス）

あとがき

本書は、拙著『日本政教関係史――宗教と政治の一五〇年』（筑摩選書、二〇二三年）の姉妹編である。同書第六章で、宗教法案・宗教団体法の立案過程などについて扱ったものの、政府側の意図や関連する法令の分析が中心で、これらをめぐる知識人や宗教者などの思想を十分に扱うことはできなかった。一九九五年の宗教法人法改正や二〇二二年の安倍晋三元首相銃撃事件以降の旧統一教会問題といった近年の動向についても、深い分析を加えられなかったという憾みがあり、新たに本書をまとめ、世に問うことにした。

行政という観点から、日本の政教関係、その中で規定されてきた「信教の自由」の思想史を描きたいと考えたのは、近現代の関連資料・文献を読み、またアメリカに留学して現地の宗教事情を感じとるなかで、日本の「信教の自由」をめぐる歴史と現状の特徴が、行政主導にあると感じたためにほかならない。

体感的・体験的な側面も、少なくない。ある内閣官房の有識者会議で行政機関に対する民主的統制の必要性を提言した際、高級官僚から「前例がない」「現場をご存じない」と一蹴されたこともある。優秀で信頼に足る官僚も少なくないが、数年でポストが変わるため、持続的で長期的な政策形成が実現しにくく、逆に思いつきや短期的な政策が目立つ、という人事上の問題にも度々直面してきた。

職場が「ブラック」だという印象が強いこともあって優秀な学生が官僚を目指さない傾向が強まり、官庁からの中途退職者は後を絶たない。こうした行政機関や官僚に「信教の自由」の生殺与奪の権を委ねてよいのか、筆者の根底にはそうした不安もある。

福沢諭吉の政治思想研究に取り組み、福沢が「官」に対する「民」の自立を訴え、「民」に対する「官」の干渉を排除しようと挑戦し続けた思想家であったことも、筆者の問題意識に多分に影響している。福沢が愛読した思想家の一人はハーバート・スペンサーだが、スペンサーは次のように指摘している。「若し自由を愛するの心に乏しければ……其特権を侵奪《しんだつ》せらるるも、恬《てん》として之を顧みる者なく、而《しこう》して主権者は同情に乏しくして、此等の特権を尊重せざるを以て、毫《ごう》も顧慮《こりょ》なく之を侵奪すべし」（袍巴士《ハーバート》・斯辺瑣《スペンサー》／松島剛《まつしまごう》訳『社会平権論《しゃかいへいけんろん》』巻四、報告社、一八八一年）。

人民に自由への愛が乏しければ、特権を奪われても自覚せず、政府はこれを仮借なく奪っていく、というわけである。「liberty」と「freedom」を「自由」と訳し、まず個人が、次に家が、そして地域、国が独立し、それぞれ他者からの干渉を許さないといった「自由」と「自立」、「自治」を強調する福沢の思想もまた、西洋の影響を受けながら、構築されていった。こうした思想は、今なお色あせないと筆者は感じている。

本書は、筆者が二〇二三年九月一日に吉野ネットワーク交流事業人材育成研修会で行った基調講演「宗教団体法制と知識人――『太陽』『中央公論』を中心に」（於・吉野作造記念館）と、同年一〇月二八日に宗教倫理学会で行った基調講演「権力・宗教関係から考える「信教の自由」」（於・龍谷大学）をもとに、執筆したものである。両講演やその後のシンポジウムの際に、聴衆の皆様やメディア、パネリストの方々からいただいたご指摘は、執筆の上で大いに訳立った。関係各位に、厚く御礼申し上げたい。第一章におけるフランス語文献の日本語訳については、大出《おおで》敦《あつし》・慶應義塾大学教授（フランス文学）の校閲を経た。ここに御礼申し上げる。なお、同章はJSPS科研費JP24520078の助成を受けたものである。

本書とは別に、『吉野作造研究』第二〇号（二〇二四年四月刊行予定）には吉野作造記念館での講演録が掲載される予定であり、『宗教と倫理』第二四号（二〇二四年一二月刊行予定）にも、宗教倫理学会での講演録が掲載される予定である。ご関心のある方は、そちらもあわせてご参照されたい。

本書の構想を練り、その執筆にあたったのは、主に二〇二三年度のことである。同年度の一年間、筆者は勤務先の慶應義塾大学からサバティカルを頂戴し、東京大学大学院法学政治学研究科で客員研究員として研究に専念する機会に恵まれた。貴重な研究の機会を提供して下さった、慶應義塾大学法学部の堤林《つつみばやし》剣《けん》学部長、東京大学法学部の苅部直《かるべただし》教授に、深甚なる謝意を表する次第である。

刊行にあたっては、筑摩選書編集長の松田健氏のお世話になった。松田氏には、『日本政教関係史』、『福沢諭吉 変貌する肖像——文明の先導者から文化人の象徴へ』（ちくま新書、二〇二三年）に続いて本書の編集を担当していただき、構想段階から出版に至るまで、懇切かつ丁寧に筆者を導いていただいた。同氏にも深く御礼申し上げたい。

「信教の自由」をめぐる日本の現状は流動的であり、旧統一教会の解散命令をめぐる裁判も今後本格化していくことになるが、本書の序章・終章は二〇二四年二月一六日時点での筆者の見解を述べたものであることを、お断りしておく。筆者は大学に勤務しているが、「学問の自由」や「大学の自治」をめぐっても、議論の種は尽きない。本書をひとつのきっかけに、そうした「自由」のあり方について、「民」における対話が深まることを、願ってやまない。

小川原正道

二〇二四年四月一七日

自宅書斎にて

人名索引

さ行

た行

な行

は行

ま行

や行

ら行

わ行

小川原正道 おがわら・まさみち

一九七六年生まれ。慶應義塾大学法学部教授。慶應義塾大学大学院法学研究科博士課程修了。博士（法学）。専門は日本政治思想史。著書に『福沢諭吉――「官」との闘い』（文藝春秋）、『福澤諭吉の政治思想』（慶應義塾大学出版会）、『小泉信三――天皇の師として、自由主義者として』（中公新書）、『福沢諭吉 変貌する肖像――文明の先導者から文化人の象徴へ』（ちくま新書）、『日本政教関係史――宗教と政治の一五〇年』（筑摩選書）、編著に『独立のすすめ 福沢諭吉演説集』（講談社学術文庫）などがある。

筑摩選書 0287

「信教《しんきょう》の自由《じゆう》」の思想史《しそうし》

明治維新《めいじいしん》から旧統一教会問題《きゅうとういつきょうかいもんだい》まで

二〇二四年九月一五日 初版第一刷発行

著者 小川原正道《おがわらまさみち》

発行者 増田健史

発行所 株式会社筑摩書房

東京都台東区蔵前二-五-三 郵便番号 一一一-八七五五

電話番号 〇三-五六八七-二六〇一（代表）

装幀者 神田昇和

印刷 製本 中央精版印刷株式会社

 ISBN978-4-480-01804-5 C0331

筑摩選書 0142

徹底検証　日本の右傾化

塚田穂高 編著

日本会議、ヘイトスピーチ、改憲、草の根保守、「慰安婦報道」……。現代日本の「右傾化」を、ジャーナリストから研究者まで第一級の著者が多角的に検証！

筑摩選書 0151

神と革命

ロシア革命の知られざる真実

下斗米伸夫

ロシア革命が成就する上で、異端の宗派が大きな役割を果たしていた！　無神論を国是とするソ連時代の封印を解き、革命のダイナミズムを初めて明らかにする。

筑摩選書 0172

内村鑑三

その聖書読解と危機の時代

関根清三

戦争と震災。この二つの危機に対し、内村鑑三はどのように立ち向かったのか。聖書学の視点から、その聖書読解と現実との関わり、現代的射程を問う、碩学畢生の書。

筑摩選書 0178

親鸞「六つの顔」はなぜ生まれたのか

大澤絢子

多くの日本人を魅了してきた親鸞には「妻帯した僧」など、六つの「顔」がある。なぜ、いかにしてそれらの「顔」が形成されたのかを明らかにした労作の誕生！

筑摩選書 0184

明治史研究の最前線

小林和幸 編著

政治史、外交史、経済史、思想史、宗教史など、多様な分野の先端研究者31名の力を結集し明治史研究の最先端を解説。近代史に関心のある全ての人必携の研究案内。

筑摩選書 0192

アジア主義全史

嵯峨　隆

アジア諸国と連帯して西洋列強からのアジア解放を目指したアジア主義。その江戸時代から現在までの全史をたどりつつ、今後のアジア共生に向けて再評価する試み。

筑摩選書
0199

社会問題とは何か
なぜ、どのように生じ、なくなるのか？

ジョエル・ベスト

みんなが知る「社会問題」は、いつ、どのように社会問題となるのか？　その仕組みを、六つの段階に分けて平易に解説。社会学の泰斗による決定的入門書！

筑摩選書
0201

保守思想とは何だろうか
保守的自由主義の系譜

桂木隆夫

ヒューム、諭吉、ナイトという三つの偉大な知性が、近現代の黎明期に見出した共通の主題「保守的自由主義」を抽出。保守思想と自由主義の相克を超える道をさぐる。

筑摩選書
0204

『往生要集』入門
人間の悲惨と絶望を超える道

阿満利麿

浄土仏教の源流となる穢土と浄土から成る世界観は、源信が打ち立て法然・親鸞に受け継がれた。絶望に満ちた人生を生ききる手引を柔らかに案内する決定版入門書。

筑摩選書
0210

日本回帰と文化人
昭和戦前期の理想と悲劇

長山靖生

横光利一、太宰治、保田与重郎、三木清、京都学派……。彼らは絶望的な戦争へと突き進む日本に何を見たか。多様な作品を読み解き、その暗部に光を当てる意欲作。

筑摩選書
0212

「ポスト・アメリカニズム」の世紀
転換期のキリスト教文明

藤本龍児

20世紀を主導したアメリカ文明も近年、動揺を見せつつある。アメリカニズムの根底には何があり、どう変わろうとしているのかを宗教的観点からも探究した渾身作！

筑摩選書
0228

中庸民主主義
ミーノクラシーの政治思想

崔 相龍
小倉紀蔵 訳

儒学とギリシア哲学に共通する中庸の政治哲学を現代に活かすべく「中庸民主主義」を提唱。元駐日韓国大使の政治学者が、分断の進む世界を変革する方策を考える。

筑摩選書 0231

「天下の大勢」の政治思想史
頼山陽から丸山眞男への航跡

濱野靖一郎

丸山眞男が言う日本人の「勢い」の意識とは何か。頼山陽、阿部正弘、堀田正睦、勝海舟、木戸孝允、徳富蘇峰の天下の大勢をめぐる思想から日本近代史を読み直す。

筑摩選書 0233

越境する出雲学
浮かび上がるもうひとつの日本

岡本雅享

出雲という地名や神社が列島各地にあるのはなぜか。全国の郷土史を渉猟し、人の移動や伝承の広がりを丹念に跡付けることで、この国のもう一つの輪郭を描き出す。

筑摩選書 0243

人類精神史
宗教・資本主義・Google

山田仁史

Gott（神）、Geld（お金）、Google（情報）＝3つの「カミ」と、対応する3つのリアリティから人類の精神史を考える。博覧強記の宗教民族学者、最後の書。

筑摩選書 0245

平和憲法をつくった男 鈴木義男

仁昌寺正一

日本国憲法第9条に平和の文言を加え、25条の生存権を追加することで憲法に生命を吹き込んだ法律家・政治家「ギダンさん」。その生涯をたどるはじめての本格評伝。

筑摩選書 0247

東京10大学の150年史

小林和幸 編著

筑波大、東大、慶應、青山学院、立教、学習院、明治、早稲田、中央、法政の十大学の歴史を振り返り、各大学の特徴とその歩みを日本近代史のなかに位置づける。

筑摩選書 0250

丸山眞男と加藤周一
知識人の自己形成

山辺春彦　鷲巣力／東京女子大学丸山眞男記念比較思想研究センター　東京女子大学丸山眞男記念比較思想研究センター 監修

戦後日本を代表する知識人はいかにして生まれたのか？出生から敗戦まで、豊富な資料とともに二人の自己形成過程を比較対照し、その思想の起源と本質に迫る。

筑摩選書 0251

戦後空間史

都市・建築・人間

戦後空間研究会 編

住宅、農地、震災、運動、行政、アジア…戦後の都市・近郊空間と社会を考える。執筆：青井哲人、市川紘司、内田祥士、中島直人、中谷礼仁、日埜直彦、松田法子

筑摩選書 0252

寅さんとイエス［改訂新版］

米田彰男

イエスの風貌とユーモアは寅さんに似ており、ともに人間性を回復させる力を持つ。寅さんとイエスを比較する試みが大きな反響を呼んだロングセラーの改訂新版。

筑摩選書 0253

悟りと葬式

弔いはなぜ仏教になったか

大竹 晋

悟りのための仏教が、なぜ弔いを行っているのだろうか。各地の仏教を探り、布施、葬式、戒名、慰霊、追善、起塔などからアジア各地に共通する背景を解明する。

筑摩選書 0254

日本政教関係史

宗教と政治の一五〇年

小川原正道

統一教会問題でも注目を集めている政治と宗教の関係の変遷を、近現代の様々な事例をもとに検証。信教の自由と政教分離の間で揺れ動く政教問題の本質に迫る。

筑摩選書 0255

日本人無宗教説

その歴史から見えるもの

藤原聖子 編著

「日本人は無宗教だ」とする言説の明治以来の系譜をたどり、各時代の日本人のアイデンティティ意識の変遷を解明する。宗教意識を裏側から見る日本近現代宗教史。

筑摩選書 0257

実証研究 東京裁判

被告の責任はいかに問われたか

戸谷由麻
デイヴィッド・コーエン

東京裁判の事実認定がいかになされ、各被告人の責任がどう問われたのかを実証的に解明。東京裁判の国際刑事裁判史上の功績を問いなおし、その問題点を検証する。

筑摩選書
0280

人新世と芸術

岡田温司

人類の発展で地球規模の環境変化が起きた時代・人新世。優れた観察者で記録者だった画家たちはその変化をどう描いたか。新たな西洋美術の見取り図を提案する。

筑摩選書
0281

日蓮の思想
『御義口伝』を読む

植木雅俊

日蓮の講義を弟子が筆記した『御義口伝』にみえる日蓮の法華経解釈、さらにその底流にある人間主義的な思想について、講義をテーマ別に再構成しつつ解説する。

筑摩選書
0283

アメリカ大統領と大統領図書館

豊田恭子

アメリカ大統領の在任中の記録や資料を収蔵する大統領図書館。現存13館すべてを訪ね、大統領たちの素顔を詳らかにするとともに、アメリカ現代史を俯瞰する。

筑摩選書
0284

人種差別撤廃提案とパリ講和会議

廣部泉

第一次大戦後のパリ講和会議で日本が提出した人種差別撤廃提案の背景や交渉の経緯を様々な史料から徹底解明し、その歴史的な意義を客観的かつ正当に評価する。

筑摩選書
0285

戦場のカント
加害の自覚と永遠平和

石川求

加害の自覚とは何か——。撫順戦犯管理所やアウシュヴィッツ収容所が人々に刻んだ体験は、人が人を赦すことの意味を峻烈に問う。人間の根底に迫った哲学的考察。

筑摩選書
0286

坂本龍馬の映画史

谷川建司

坂本龍馬のイメージはいかに変わってきたか。戦前から現在までの映画、さらにテレビドラマを対象に徹底検証。歴史を見る眼と時代ごとの価値観の転変を考察する。